하고 싶은 일을 지속하는 힘,

브랜딩

하고 싶은 일을 지속하는 힘, 브랜딩

초판 1쇄 2024년 12월 16일

지은이 원민

펴낸이 원하나
편집 김현정
교정·교열 김동욱
디자인 정미영
출력·인쇄 금강인쇄(주)

펴낸 곳 하나의책
출판등록 2013년 7월 31일 제251-2013-67호
주소 경기도 남양주시 다산중앙로145번길 15, 신해센트럴타워 II 8층 802-76호
전화 070-7801-0317 팩스 02-6499-3873
블로그 blog.naver.com/theonebook

ISBN 979-11-87600-27-5 03320

브랜딩

원민 지음

하고 싶은 일을 지속하는 힘,

하나의책

하고 싶은 일을
지속하기 위한 고민

2018년에 저는 행정과 민간의 경계에서 시민을 지원하는 전주시 사회혁신센터에서 일하고 있었습니다. 국정 과제 정책사업의 일환으로, 전주를 비롯해 춘천, 제주, 대전 등 전국 각지에 설립된 센터였습니다. 저는 그중 최연소 센터장으로 활동했습니다.

100억 원이 넘는 예산이 투입된 센터의 사업은 지역사회의 관심을 한 몸에 받았습니다. 센터의 주요 임무는 청년 인구 유출, 환경 문제, 성평등 등 지역사회 문제를 시민이 직접 해결하도록 돕는 사회 혁신 활동을 촉진하는 것이었습니다.

제가 당시 센터를 맡은 데는 각별한 이유가 있습니다. 2014년, 답답한 조직 생활에 한계를 느낀 저는 멀쩡한 직장을 그만두고 타인의 삶을 탐색하기로 결심했습니다. 전국을 돌아다니며 잘나가는 식당 사장님, 스타트업 대표 등을 만났고, 강연회, 콘서트, 전시회 등 다양한 문화 행사에 참석했습니다. 이 경험들은 제 삶에 큰 영향을 미쳤습니다. 지역 청년들에게 놀거리와 즐길 거리가 부족하다는 문제를 체감한 시기이기도 합니다. 그래서 이를 해결하고자 문화기획사를 창업했고, 돌연 사장이 된 것입니다.

지역에도 수도권 못지않은 다양한 문화 프로그램을 제공하겠다는 포부를 안고 시작했지만 현실은 달랐습니다. 혼자서 회사를 운영하다 보니 기획안 작성부터 고객 대응, 사무실 청소까지 모든 일을 직접 처리해야 했고, 잠시도 쉴 틈이 없었습니다.

회사의 성장이 빠르지는 않았지만, 감사하게도 지역사회에서 꾸준히 인지도를 쌓을 수 있었습니다. 특히 저와 같은 문제의식을 가진 청년들에게 호응을 얻었습니다. 사업은 점차 성장하여 직원을 고용할 정도로 발전했습니다. 비록 작은 회사였지만 지역 문제 해결과 자아실현이라는 두 마리 토끼를 잡기 위해 노력했습니다.

그럼에도 불구하고 지역에서 하고 싶은 일을 지속 가능한 사업 모델로 만드는 일은 쉽지 않았습니다. 문화기획사라는 특성상 외주 용역에 의존해야 하는 불완전한 수익 모델은 저를 끊임없이 불안하게 만들었습니다. 자본이 부족해 경영의 한계와 어려움을 체감하며, 사업을 보수적이고 소심하게 운영할 수밖에 없었습니다. 그럴 때마다 '누군가가 1,000만 원, 아니 100만 원만 투자하거나 후원해 준다면 훨씬 잘할 수 있을 텐데' 하고 생각했습니다.

그런데 주변을 돌아보니 저만 그런 고민을 하는 게 아니었습니다. 크리에이터, 사업가, 프리랜서, 공공기관 종사자 등 다양한 분야에서 자신이 좋아하는 일을 하는 사람들이 금전적인 이유로 위축된 모습을 봤습니다. 아무리 좋아하는 일일지라도, 그 일이 중요한 공공성을 지니고 있더라도, 자생력이 없으면 지속될 수 없다는 사실을 그때 깨달았습니다.

이런 한계를 극복하고 싶어서 시작한 것이 사회혁신센터였습니다. 하고 싶은 일이 지속되지 못하는 현실을 타파할 수 있다는 기대를 품고 출발했습니다. 열정적으로 자신만의 길을 걷는 사람들에게 교육과 예산 등의 적절한 지원이 제공된다면, 그들의 꿈이 지속 가능한 현실로 바뀔 것이라고 믿었습니다.

4년 2개월, 약 400팀을 만나며

센터장으로 일하는 동안 약 400팀에게 예산과 교육, 공간을 지원했습니다. 지원받은 팀은 취미와 여가 활동을 목적으로 구성된 모임도 있었고, 규모와 인력이 대규모인 캠페인, 프로젝트, 사업을 하는 조직도 있었습니다. 매년 100팀이 넘게 센터의 문을 두드렸고, 환경, 문화예술, 교육, 동물복지 등 다양한 분야에 관심을 가진 참여자가 모였습니다. 방식, 가치관은 달랐지만, 자신들이 하고 싶은 일이 지속되기를 바라는 마음만큼은 같았습니다. 예산은 적게는 2백만 원에서 많게는 1억 원까지 다양하게 지원되었습니다.

이렇게 센터를 운영하면서 시간이 지날수록 한 가지 고민이 깊어졌습니다. 지원이 끝나자 대부분의 팀이 사업을 지속하지 않았기 때문입니다. 많은 팀이 최선을 다했고, 눈에 띄는 성과를 냈지만, 지원 종료 후에는 사업을 잇기가 어려워 보였습니다. 물론 센터의 지원이 사업을 고도화하는 데 충분하지 않았을 것입니다. 예산 사용에 제약이 있어 유연성이 부족했고, 관련 전문 인력 부족과 수익 창출의 어려움 등 센터의 한계도 존재했습니다. 그럼에도 불구하고 지속 가능한 사업을 위한 발판이 마련될 것이라고 기대했지만 현실은 그렇지 않았습니다.

제가 사업을 운영하며 느꼈던 지속 가능성의 한계는 센터 차원의 지원만으로는 해결하기 어려워 보였습니다. 그러자 센터에서의 목표가 무너지는 것처럼 느껴졌고, 센터장으로서의 존재 이유마저 잃은 것 같았습니다. 심각한 정신적 방황과 고통을 겪었지만, 동시에 남은 임기 동안 무기력하게 지내면 안 된다는 다짐도 했습니다.

브랜딩의 존재 알기

저는 서점을 자주 갑니다. 책을 꼭 사지 않더라도, 책장에 빽빽이 꽂힌 책을 보면 마음이 평온해집니다. 어느 날은 평소 관심을 두지 않았던 브랜딩·마케팅 서가에 발길이 닿았습니다.

브랜딩·마케팅 분야는 제게 익숙하지 않은 영역이었습니다. 자기 탐색 없이 성공만을 외치는 자기개발·경영 서적에 부정적인 인식이 있었기 때문입니다. 또한 주로 공공 영역에서 일해 왔기에 상업성이 짙은 브랜딩·마케팅은 저와 거리가 멀다고 생각해 왔습니다. 그런데 그날은 무언가에 이끌리듯 자연스럽게 브랜딩·마케팅 책장에 눈길이 갔습니다.

몇 권의 책을 빠르게 훑어본 뒤, 두 시간 동안 자리를 뜰 수 없었습니다. 이 분야야말로 제가 고민하는 문제를 해결할 열쇠라는 확신이 들었기 때문입니다. 이와 함께 브랜딩이 단순히 물건 판매에만 목적이 있는 것이 아니라는 사실을 깨달았습니다. 브랜딩은 자신의 가치를 정립해 사람들에게 알리고, 하고 싶은 일을 지속하는 과정이었습니다. 이를 계기로 브랜딩과 마케팅 공부를 시작했습니다.

공부를 할수록 하고 싶은 일을 지속하기 위한 유일한 방법은 바로 브랜딩이라는 신념이 생겼습니다. 이러한 신념을 실천하고자 꾸준히 공부하다 보니 감사하게도 브랜딩은 제 '업'이 되었습니다. 이제는 전국의 사장님과 학생들에게 브랜딩을 가르치며 브랜딩 공부의 즐거움도 나누고 있습니다.

브랜딩에 대한 오해들

강의 현장에서 저는 브랜딩을 오해하는 분들을 만나곤 합니다. 이책을 읽기 전 여러분도 브랜딩 지식을 점검해 보시기 바랍니다.

① 브랜딩은 큰 기업만 하는 것이다

브랜딩은 작은 사업일수록 중요합니다. 소상공인도 자신만의 브랜드를 구축해야 시장에서 살아남을 수 있습니다. 큰 기업도 처음에는 작게 시작해 브랜딩으로 성장했습니다.

작은 규모에서도 효과적인 브랜딩 전략을 활용하면 충성도 높은 고객층을 형성할 수 있습니다. 동네에 단골이 끊이지 않는 작은 가게가 그 자체로 하나의 브랜드가 되는 것처럼, 브랜딩은 기업 규모와 상관없이 성공을 위한 필수 요소입니다.

블루보틀은 미국 캘리포니아주 오클랜드의 작은 커피 카트에서 시작되었습니다. 설립자 제임스 프리먼은 고품질 원두와 정교한 커피 제조 과정에 집중하며, 고객에게 특별한 경험을 제공하는 데 주력했습니다. 이는 블루보틀의 브랜드 정체성이 되었고, 블루보틀은 커피 문화를 선도하는 세계적인 브랜드로 성장했습니다.

② 브랜딩에는 돈이 많이 든다

브랜딩은 고비용의 마케팅 캠페인이나 대규모 광고로만 가능하다고 생각하는 사람이 많습니다. 하지만 큰 비용을 들이지 않고도 브랜딩은 가능합니다. 중요한 것은 브랜드의 본질과 가치를 명확히 정의하고, 이를 일관되게 전달하는 겁니다. 적은 예산으로도 효과적인 브랜딩을 할 수 있는 다양한 방법이 존재합니다. 핵심은 얼마나 전략적으로 접근하느냐에 달려 있습니다.

에어비앤비는 초기에 대규모 광고를 진행할 여력이 없었기에 커뮤니티 중심의 접근 방식을 사용했습니다. 사용자들이 경험과 이야기를 공유하게 하여 브랜드의 따뜻함과 진정성을 전달했습니다. 커뮤니티 중심 전략 덕분에 에어비앤비는 큰 광고비를 들이지 않고도 신뢰를 구축했고, 시장 점유율을 높일 수 있었습니다.

③ 브랜딩으로 빠른 성과를 기대할 수 있다

브랜딩은 매출 증진과 같은 빠른 성과를 내는 도구로 오해되곤 합니다. 하지만 브랜딩은 단기적인 성과가 아닌 장기적인 성공을 목표로 하는 전략입니다. 시간이 걸리더라도 브랜드를 일관되게 구축해 나가는 과정에서 소비자의 신뢰와 충성도를 얻을 수 있습니다. 단기적인 이익을 추구하기보다는, 지속 가능한 성장을 위한 기반을 마련하는 것이 브랜딩의 핵심입니다. 오늘부터 열심히 브랜딩을 한다고 해서 바로 성과가 나타나지는 않겠지만, 장기적으로 브랜드로서의 면모를 갖추고 사업을 이어 가면 훗날 분명히 차별화된 결과를 얻을 것입니다.

④ 브랜딩은 로고와 슬로건에서 시작된다

브랜딩을 로고, 슬로건, 디자인과 같은 시각적 요소로 국한해서 생기는 오해입니다. 물론 로고와 슬로건은 브랜드 이미지 전달에 중요한 역할을 합니다. 그러나 브랜딩은 거기에 그치지 않습니다. 브랜드란 기업이나 제품이 소비자와 맺는 관계, 소비자가 브랜드와 함께하며 느끼는 경험, 그때 형성되는 감정을 포괄하는 개념입니다. 전체적인 브랜드 경험을 구축하기 위해서는 고객과의 지속적인 상호작용이 핵심입니다.

⑤ 브랜딩만 잘하면 팔린다

브랜딩을 잘한다면 당장 판매 효과가 있을 수 있습니다. 브랜딩이 소비자에게 강한 인상을 남기고, 구매를 유도하기 때문입니다. 그래서 제품이나 서비스의 질보다는 브랜딩만으로도 성공을 거둘 수 있다고 오해하는 분들이 있습니다. 그러나 이러한 근시안적인 접근으로는 꾸준한 사랑을 받을 수 없습니다.

장기적으로는 소비자가 경험한 제품과 서비스의 품질이 중요합니다. 아무리 브랜딩이 훌륭해도 제품이나 서비스가 기대에 미치지 못한다면 소비자는 실망하고, 브랜드는 신뢰를 잃게 됩니다. 지속 가능한 성공을 위해서는 브랜딩과 함께 제품과 서비스의 품질을 균형 있게 발전시켜야 한다는 점이 중요합니다.

지속 가능한 힘을 위한 브랜딩

이 책은 좋아하는 일을 지속하고 싶거나, 사업에 새로운 동력이 필요한 분들을 위한 브랜딩 가이드북입니다. 출판된 관련 서적들을 보니 현장에서의 성공 사례를 중심으로 다루거나, 딱딱하고 이론 중심의 책이 많았습니다. 이 책은 그 사이의 중간 지점을 채우기 위해 썼습니다. 브랜딩을 공부하면서 제가 느낀 현실과 이론 사이의 간극을 메우려고 노력했습니다. 이 과정에서 유명 기업들의 사례를 통해 개념의 이해를 돕도록 설명했습니다. 저의 경험과 수업, 컨설팅에서 만난 분들의 이야기도 담았습니다.

누구나 브랜딩을 말하는 시대가 되었지만, 공부와 업무를 할수록 브랜딩이 생각만큼 쉽지는 않을 겁니다. 브랜딩은 매우 다양한 관점이 요구되는 영역이라는 것도 절실히 느끼실 거고요. 하지만 한 가지 분명한 사실은, 브랜드는 단순히 눈에 보이는 요소들의 집합체가 아니라는 점입니다. 브랜드는 고객의 경험과 감정을 포함하는 종합적인 개념입니다. 이 책을 보시고 브랜드의 진정한 힘을 이해하신 후, 그 힘으로 여러분이 하고 싶은 일을 지속하시길 바랍니다.

2024년 12월

원민

차례

1. 당신만의 색, 브랜드는 무엇일까요?

2. 나의 이야기로 브랜드를 만들어 가는 법

1.

당신만의 색,

브랜드는 무엇일까요?

01

브랜드,
그 이름에 담긴
이야기

하고 싶은 일을 지속하려면 어떻게 해야 할까요? 한 번쯤은 스스로에게 던져 본 질문일 겁니다. 원하는 일을 지속하려면 질문의 초점을 나에서 우리, 더 나아가 타인으로 확장해야 합니다. 하고 싶은 일이 나에게만 머물러 있으면, 그 일은 한정된 범위에만 맴돌게 됩니다. 하지만 그 일이 사람들에게 선택받고, 상호작용 하며 확장될 때, 비로소 지속 가능한 힘을 얻습니다. 그래서 '내가 무엇을 해야지'라는 1인칭 관점에서 '어떻게 해야 사람들이 내가 하는 일에 동참할까?'라는 다수의 관점으로 질문을 바꿔야 합니다.

더 넓은 사회적 동참과 지지를 얻는 방법을 고민해야 우리는 하고 싶은 일을 오래 할 수 있습니다. 이제 브랜딩과 마케팅 관점으로 다시 질문해 볼까요? '치열한 시장 경쟁에서 어떻게 살아남을

수 있을까?'

사람들은 하루에 4천 개~1만 개의 광고에 노출된다고 합니다.[1] 이는 텔레비전, 라디오, 인터넷, SNS, 인쇄 매체, 옥외 광고 등 다양한 채널의 광고를 포함한 것입니다. 『브랜드: 비즈니스를 움직이는 힘』의 저자인 스콧 데이비스 교수는 "소비자들은 하루 평균 6천여 개의 광고에 노출되며, 매년 2만 5천 개가 넘는 신상품을 접한다."[2] 라고 했습니다. 너무 많아 보일 수도 있지만, 잠깐 고개를 들고 주변을 둘러보세요. 스마트폰, 책상, 모니터, 치약, 칫솔, 펜, 책 등 수많은 제품이 다양한 브랜드를 가지고 있습니다.

학생들에게 다소 엉뚱한 과제를 낸 적이 있습니다. 사용하는 브랜드의 개수를 다음 시간까지 세어 오라는 숙제였습니다. 어떤 제품이 브랜드인지 아닌지 헷갈린다면 제품에 특정 회사의 로고가 있으면 브랜드로 간주하라고 했습니다. 학생들은 1주일 동안 열심히 개수를 세고 과제를 제출했습니다. 학생당 평균 102개의 브랜드를 사용한다고 답했습니다. 학생들은 거주하는 아파트, 침대, 가습기, 요가 매트, 옷 등 아침에 눈을 뜨고 잠들 때까지 일상생활에

---

1   Jon Simpson, Finding Brand Success In The Digital World, Forbes, 2017년 8월 25일 자.

2   출처: 인코덤의 '브랜드 아이덴티티'

서 브랜드들을 사용하고 있었습니다. 대다수의 학생들은 이렇게 많은 브랜드를 사용하고 있다는 사실에 놀라며 신기해했습니다. 이처럼 브랜드는 단순히 제품이나 서비스를 나타내는 것이 아니라, 우리의 생활 속 깊숙이 자리 잡고 있습니다. 또한 브랜드는 우리의 선택과 행동에 큰 영향을 미칩니다. 그래서 브랜드를 제대로 아는 것은 삶을 이해하는 과정이 될 것입니다.

소비자 입장에서는 다양한 선택지가 긍정적일 수 있습니다. 그러나 공급자 입장에서는 그 선택지 속에서 자신의 브랜드를 돋보이게 만드는 것이 얼마나 치열하고 어려운지 쉽게 짐작할 수 있습니다. 이렇게 뜨거운 경쟁 속에서 지속 가능한 힘을 얻으려면, 생존할 수 있는 강력한 힘을 가져야 합니다. 그것은 바로 '브랜드'에서 시작됩니다. 치열한 경쟁 속에서 살아남아 성공할 수 있는 가장 강력한 원천은 다름 아닌, 자신만의 고유한 브랜드를 구축하는 것입니다.

브랜드의 시작은 표식

브랜드는 언제부터 시작된 걸까요? '브랜드brand'라는 단어는 고대 노르웨이어 '브랜드brond'에서 유래했습니다. 이는 '불타다burn'라는 의미를 가지고 있습니다. 이 단어는 이후 고대 영어의 '브랜드braend'로 발전하였고, '불에 타다' 또는 '타는 불꽃'을 의미하게 되었습니다. 브랜드의 어원이 불과 관련된 이유는 중세 유럽에서 상인들이 자신의 상품에 불로 달군 쇠로 표식을 새기는 관습 때문입니다. 예를 들어 가축 소유주는 자신의 것을 구별하기 위해 소나 양의 피부에 불로 소유주의 표시, 이른바 낙인을 찍었습니다. 도둑을 방지하고, 소유권을 명확히 하기 위한 방법이었습니다.

16세기 초, 영국의 위스키 제조업자들은 자신들의 나무통에 불로 달군 쇠로 제조업자의 이름이나 상징을 찍어 브랜드를 표시했습니다. 이는 소비자들이 제품의 출처를 쉽게 식별할 수 있도록 하여, 낮은 품질의 모방 제품으로부터 자신들의 제품을 보호하기 위한 전략이었습니다. 이러한 표시 방식은 소비자에게 제품의 신뢰성을 보장하고, 제조업자가 제품 품질에 대한 자부심을 나타내는 수단이 되었습니다. 이를 현대의 브랜드 개념의 시초로 볼 수 있습니다. 브랜드가 단순한 식별 수단을 넘어 품질과 신뢰의 상징이 되었음을 나타내는 과정이기도 합니다. 이를 통해 소비자들은 신뢰할 수 있는 제품을 선택할 수 있었고, 제조업자들은 제품을 보호할 수 있었습니다. 역사적 배경으로 알 수 있듯이, 브랜드는 다른 제품과의 차별적인 인식을 형성하는 것이 목적이라는 것을 알 수 있습니다.

기업이 경쟁에서 살아남기 위한 중요한 마케팅 도구이자 수단으로 브랜드를 인식하기 시작한 것은 19세기 후반부터입니다. 특히 2차 산업혁명을 거치면서 브랜드와 마케팅은 폭발적으로 성장합니다. 산업화와 대량생산이 가능해지니 시장에는 수많은 상품이 쏟아져 나왔고, 기업들은 제품 차별화를 위해 브랜드 전략을 적극적으로 도입하기 시작합니다. 대량생산 체제는 제품의 품질과 가격 경쟁력을 높였지만, 동시에 소비자들에게 선택의 폭을 넓혔습니다. 매일 다니던 시장에서 자주 사용하는 물건이 아닌 다른 물건들이 눈에 보이기 시작한 것입니다. 그것도 아주 많이 말이죠. 소비자들은 구매와 선택에 혼란을 느꼈고, 기업들은 시장 경쟁의 치열함을 피부로 실감했습니다. 예전처럼 물건만 내놓으면 팔리는 녹록한 환경이 아니었습니다. 당연히 기업들은 소비자에게 자신들의 제품이 다른 제품과 어떻게 다른지를 명확하게 전달해야 했습니다. 기업들은 제품의 물리적 특성뿐만 아니라, 브랜드의 정체성과 가치 전달에 주력하기 시작했습니다.

차별적 이미지를 가진 브랜드 도입으로 시장에서 경쟁 우위를 확보한 대표적인 사례가 Procter & Gamble(P&G)의 아이보리 비누입니다. 아이보리 비누가 출시된 1879년 전까지만 해도 상인들은 비누를 엿가락처럼 잘라 무게로 달아 판매했습니다. 그러나 P&G의 창업자 중 한 사람인 할리 프록터Harley Procter는 소비자들이 사용하기 편리한 크기로 비누를 일정하게 잘라 포장하기 시작했습니다. 또한 희고 깨끗함을 의미하는 'Ivory'라는 브랜드명을 새겨 넣어 다른 비누와 차별화를 시도했습니다. 이 혁신적인 접근 방식은 소비자들에게 비누의 품질과 신뢰성을 전달하는 데 성공적이었습니다. 그 결과 P&G는 시장에서 독보적인 위치를 차지하게 되었습니다.[3]

아이보리 비누의 성공 비결은 더 있습니다. 할리 프록터는 '순도 99.44%'라는 의미를 담은 슬로건 "99와 44/100% 순수하다"를 통해 제품의 순도와 우수성을 강조했습니다. 이러한 메시지는 소비자들에게 깊은 인상을 남기며 브랜드의 신뢰도를 높였습니다. 그뿐만 아니라 아이보리 비누가 물에 뜨는 특성을 광고에 활용하여

하고 싶은 일을 지속하는 힘, 브랜딩
—
24

소비자들에게 실질적인 장점을 제시했습니다. 당시에는 강가에서 목욕을 하다 비누를 빠뜨려 잃어버리는 일이 많았습니다. 비누가 무거워 물에 가라앉아 버렸기 때문입니다. 하지만 아이보리 비누에는 제조 과정 중 의도치 않게 열이 오래 가해져 밀도 높은 공기층이 생겼고, 덕분에 물에 뜨는 비누가 탄생한 겁니다. P&G는 이를 적극 알렸습니다.

이처럼 브랜드는 제품 이상의 가치를 지닙니다. 브랜드는 제품의 품질과 기능을 넘어서, 소비자와의 정서적 연결 고리와 신뢰를 형성하는 중요한 요소로 작용합니다. P&G의 아이보리 비누는 이러한 제품의 차별화 전략을 통해 치열한 시장에서 성공적으로 살아남으며 지속 가능한 성장을 이룰 수 있었습니다.

20세기가 되자 브랜드 자산에 대한 인식이 형성됐고, 매출이나 영업의 규모로 설명할 수 없는 브랜드의 가치라는 개념이 등장했습니다. 라디오, 텔레비전, 신문 등 대중 매체의 발전과 함께 브랜드의 중요성은 더욱 강화됐습니다. 시장에 직접 가야만 만날 수 있었던 제품들을 다양한 매체에서 접하다 보니 경쟁이 더욱 치열해진 겁니다. 이에 기업들은 대규모 광고나 캠페인을 통해 브랜드 메시지를 널리 알리고, 소비자와 정서적 연결을 강화하려는 노력을 했습니다. 이 시기에 코카콜라, 나이키, 애플과 같은 글로벌 회사는 강력한 브랜드 이미지를 구축하여 소비자에게 깊은 인상을 남기고, 높은 브랜드 충성도를 확보하는 데 성공했습니다. 이들은 일관된 브랜드 메시지와 혁신적인 마케팅 전략으로 시장에서 지배적인 위치를 유지하고 있습니다.

나만의 브랜드 정의가 필요한 이유

브랜드는 기업의 철학과 가치를 담아내는 상징으로까지 진화해 왔습니다. 21세기에 들어서는 정의와 개념이 더욱 확장되었습니다. 이제 브랜드는 소비자와의 정서적 유대감과 사회적 책임까지 포함하는 개념입니다. 이러한 흐름을 반영하듯 브랜드의 정의 역시 규정하기가 쉽지 않습니다.

브랜드를 미즈노 마나부는 "기업이나 상품이 본래부터 지니고 있는 생각과 뜻을 포함한 특유의 매력"[4]이라고 정의하고, 제레마이어 가드너는 "브랜드는 기업과 고객 사이의 관계다."[5]라고 말합

---

4   미즈노 마나부, 『'팔다'에서 '팔리다'로』, 오연정 옮김, 이콘, 2018, 87페이지.
5   제레마이어 가드너, 『린 브랜드』, 우승우·차상우 옮김, TXT PUBLISHING, 2019, 21페이지.

니다. 또한 김지헌은 "브랜드는 제품 그 자체가 아니라 제품에 대해 소비자가 알고 있는 지식들의 집합을 의미한다."[6]라고 이야기하고, 전우성은 "브랜드는 자신을 대변하는 징표이자, 남들에게 자신의 존재를 알리고 남들과 자신을 구분 짓게 하는 이름표이자 상징과도 같다."[7]라고 정의합니다.

이렇게 전문가들의 정의가 각기 다르다 보니 브랜드를 모르는 사람에게는 개념이 어렵습니다. 저도 처음 브랜드 공부를 시작할 때 가장 난해한 부분이 바로 이러한 다양한 정의였습니다. 사전적 정의인 "사업자가 자기 상품에 대하여, 경쟁업체의 것과 구별하기 위하여 사용하는 기호·문자·도형 따위의 일정한 표지"[8] 역시 브랜드가 진화하며 내포한 의미와 가치를 충분히 담지 못합니다. 브랜드는 이제 기업의 철학과 소비자와의 정서적 유대까지 포함하는 복합적인 개념으로 확장되었기 때문입니다.

이런 상황에서 브랜드에 대한 나만의 정의를 내리는 것이 필요합니다. 다양한 경험과 사례를 바탕으로 제가 내린 브랜드 정의는 다음과 같습니다.

---

6   김지헌, 『디스 이즈 브랜딩』, 턴어라운드, 2019, 27페이지.

7   전우성, 『그래서 브랜딩이 필요합니다』, 책읽는수요일, 2021, 18페이지.

8   표준국어대사전.

브랜드란?

특정 제품과 서비스를 통해 상호작용 하며 축적된 경험(암묵지, 형식지)의 총합.

이 정의는 브랜드가 단순히 눈에 보이는 로고나 이름이 아니라, 소비자와 기업 간의 모든 접점을 통해 형성되는 깊고 복합적인 관계임을 설명합니다. 브랜드는 제품에 노출되어 소비자가 인지하는 순간부터 제품을 사용하고, 기업의 메시지와 가치를 평가하는 등의 경험을 포함하는 개념입니다.

이는 비즈니스를 둘러싸고 있는 모든 요소가 브랜드 형성에 직간접적으로 영향을 미친다는 것을 의미하는 정의입니다. SNS, 이미지, 캠페인 등의 마케팅 활동을 넘어서 인사관리, 인테리어, 매장의 음악, 직원 유니폼까지 모든 요소가 소비자에게 경험이 되기 때문입니다. 소비자는 이러한 브랜드 경험을 하며 특정 제품에 차별적 인식을 갖게 됩니다.

브랜드 경험의 2요소를 바탕으로 한 정의

이번에는 제가 내린 브랜드 정의 중 경험의 2요소, 즉 암묵지와 형식지를 소개합니다. 영민한 브랜드는 두 가지의 경험을 꼼꼼하게 설계하고 일관되게 관리합니다. 구체적으로 다음의 방식으로 말이죠.

구분	암묵지 Tacit Knowledge	형식지 Explicit Knowledge
정의	브랜드 경험에 대해 무의식적으로 축적된 주관적 지식	브랜드가 표방하는 정보와 데이터로 이루어진 객관적 지식
특징	개인적, 주관적, 감정적, 능동적	객관적, 공식적, 가시적, 수동적
예시	• 매장에서 들리는 노래가 주는 느낌 • 사장님의 친절한 인사에서 느껴지는 기분	• 광고, 포스터 등으로 전달되는 컬러, 문구 등 • SNS에 명시되어 있는 소개글
역할	감정적 연결	이성적 판단

암묵지는 소비자가 브랜드와 상호작용 하면서 쌓아 가는 눈에 보이지 않는 감정, 직관 등입니다. 이는 매장 인테리어, 제품 사용,

직원들의 태도 등에서 느끼는 감정적인 측면을 말하며, 소비자에게 깊은 인상과 여운을 남기는 데 중요한 역할을 합니다.

형식지는 가시적으로 전달하는 정보로, 광고, 홈페이지, SNS 등에 명시되어 있는 객관적인 브랜드 정보입니다. 이를 접한 소비자는 브랜드를 이성적으로 이해하고 판단합니다.

브랜드 경험은 암묵지와 형식지가 형성하게 하며, 이 두 지식이 균형 있게 소비자에게 전달될 때 더 강력한 브랜드 경험이 만들어집니다. 이러한 정리를 바탕으로 브랜드 정의를 더욱 간략하게 요약하면 다음과 같습니다.

브랜드는 약속이다.

우리는 살아가면서 수많은 약속을 합니다. 그 대상, 종류, 내용은 제각각이지만, 모든 약속에는 표면적으로 드러나지 않는 중요한 비밀이 있습니다. 그 약속이 바로 나라는 사람에 대한 경험이며, 신뢰에 직접적으로 영향을 미친다는 겁니다. 어떤 약속을 지키느냐, 어떻게 지키느냐에 따라 나의 신뢰도는 쌓이기도 하고, 한순간에 무너지기도 합니다. 그래서 지키지 못할 약속은 애초에 하지 않는 것이 더 낫지요.

앞서 브랜드란 제품과 서비스를 통해 상호작용 하며 축적된 경험의 총합이라고 했습니다. 저는 브랜드가 소비자와 함께 지켜 나가고자 굳게 다짐한 약속을 토대로 상호작용 한다고 생각합니다. 브랜드는 '가장 좋은 품질을 제공하겠다', '가장 저렴한 가격에 판매하겠다', '우리 아이가 먹는다는 마음으로 음식을 만든다'와 같은 약속을 고객들과 하며 상호작용 합니다. 이 약속이 지켜졌을 때, 비로소 고객의 경험은 긍정적으로 형성됩니다.

하지만 현실에서는 당장의 이익을 쫓아 약속을 헐겁게 다루는 브랜드도 종종 만납니다. 일시적인 매출을 위해 고객을 현혹하려는 유혹이 있을 수 있습니다. 하지만 이런 브랜드는 오래 살아남기 어렵습니다. 약속을 지키지 않는 브랜드는 결국 신뢰를 잃고 소비자들에게 나쁜 경험만 남기는 브랜드가 됩니다.

브랜드가 고객에게 하는 모든 약속은 곧 신뢰의 기초입니다. 이 신뢰가 쌓일수록 브랜드는 더 강력해지고, 고객에게 더 깊이 사랑받습니다. 반면 약속이 지켜지지 않을 때, 브랜드는 흔들리고, 고객의 마음에서 멀어지게 됩니다. 브랜드가 살아남고 성장하기 위해 가장 중요한 요소는 바로 이 신뢰입니다. 신뢰는 더디고 느리게 쌓이며, 때로는 그 약속을 지키기 위해 막대한 손해를 감수해야 할 때도 있습니다. 그럼에도 불구하고 약속을 끝까지 지킬 때 브랜드는 소비자들의 경험과 신뢰가 축적되어 진정한 가치를 발휘하게 됩니다.

결국 브랜드의 진정한 힘은 약속을 지키는 데서 나옵니다. 진정성과 일관성으로 소비자에게 약속을 지키는 브랜드만이, 시간의 흐름 속에서도 변치 않는 사랑과 신뢰를 얻을 수 있습니다. 이러한 신뢰가 쌓일수록 브랜드는 단순한 상품 그 이상으로, 소비자들의 삶 속에 깊이 뿌리내린 존재가 됩니다.

'브랜딩'은 무엇일까?

브랜딩은 'brand'에 현재진행형인 '-ing'가 더해진 것입니다. 브랜딩은 브랜드가 되어 가는 과정, 즉 특정 제품과 서비스를 통해 소비자와 상호작용 하며 경험의 총합을 지속적으로 만들어 가는 것입니다. 또한 브랜드가 소비자와 맺은 약속을 지켜 나가는 행위이기도 합니다. 브랜딩은 그 약속을 현실로 구현하고, 이를 통해 브랜드의 신뢰와 가치를 지속적으로 축적해 나가는 여정이라고 할 수 있습니다.

02 세계에서 사랑받는 브랜드의 비밀

시대가 흐르면서 브랜딩은 빠르게 성장했고, 이에 따라 다양한 학문적 연구도 발전했습니다. 브랜딩은 다른 학문과 달리, 현장의 실제 사례들이 이론으로 발전되는 경우가 많습니다. 시장 경쟁이 치열해지면서 기업들은 다양한 브랜딩 전략을 시도했고, 이러한 실험들은 중요한 사례로 남아 학문적 연구의 기반이 됐습니다. 브랜딩의 역사 속에서 수많은 사례가 이론으로 정립돼 실무자들에게 귀중한 교훈을 남긴 겁니다. 그렇다면 브랜딩의 역사에서 전 세계적으로 사랑받는 기업들의 비결은 무엇일까요?

어떤 이유로 애플, 나이키, 파타고니아 등의 제품은 꾸준히 많은 소비자가 찾는 걸까요? 수업 시간에 학생들에게 자주 던지는 질문입니다. 대다수의 학생은 "디자인이 독특하고 예뻐서, 기술이 뛰어나서, 가격이 합리적이라서"라고 답변합니다. 제품의 기능적 장점을 그 비결로 꼽는 학생이 많습니다. 그런데 한 연구 결과에 따르면, 세계적으로 사랑받는 브랜드의 비밀은 감정에 있었습니다. 세계적인 브랜드에서 사람들은 감정과 정서를 느낀다는 것입니다.

사람을 만날 때 우리에게는 인간적으로 다가오는 특정 감정이 있습니다. '저 사람은 진짜 진실해.', '그 사람만 만나면 신이 나.', '저 사람은 뭔가 음흉한 구석이 있어.' 이와 같은 감정은 목소리, 손짓, 말투 등과 같은 매개를 통해 전달됩니다. 그 결과 우리에게는 따뜻함, 신뢰, 존중, 흥분, 의심과 같은 감정이 생깁니다. 그 감정이 긍정적이면 매력으로 작용해 그 사람에게 끌립니다. 이러한 감정은 때로 사랑으로 승화되어 이성을 잃게 만들기도 하고, 서운함과 아쉬움으로 바뀌어 가슴을 차갑게 식히기도 합니다.

브랜드도 마찬가지입니다. 세계적으로 사랑받는 브랜드는 디자인, 가격, 편리성 등 제품의 기능적 우수성을 넘어서, 브랜드가 지닌 스토리와 가치, 그리고 그것을 통해 고객과 맺는 감정적 연결고리가 있습니다. 이는 강력한 브랜드의 힘을 만드는 원천입니다.

브랜드가 우리에게 주는 감정들: 진정성, 흥분, 터프함, 세련됨

진정성, 흥분, 터프함, 세련됨은 세계적으로 사랑받는 브랜드에서 사람들이 가장 많이 느끼는 공통된 감정입니다. 어떤 사람을 만나면 흥분되는 것처럼, 어떤 브랜드는 우리를 흥분하게 만듭니다. 또 다른 브랜드에서는 유능함을 느끼기도 하지요. 이러한 감정들은 브랜드와 고객 사이에 깊은 유대감을 형성합니다. 이 감정적 연결이야말로 브랜드 충성도를 높이고, 브랜드가 일상에서 사랑받게 하는 핵심 요소입니다.

① 애플: 진정성 Sincerity

많은 사람이 애플은 혁신을 대표하는 브랜드라고 생각합니다. 하지만 '혁신'이라는 단어만으로는 애플이 위대한 브랜드가 된 이유를 설명하는 데 부족합니다. 저는 애플을 감정적 연결의 대명사라고 생각합니다. 혁신적인 기술을 기반으로 세계의 기술을 선도하고 뛰어난 제품을 제공하는 것 이상으로, 고객과 강력한 감정적 연결을 구축하는 데 성공한 대표적 브랜드라고 할 수 있습니다.

애플은 초기부터 진행한 "Think Different" 캠페인으로 독창성과 창의성을 강조했습니다. 그런데 이 캠페인에는 독창성과 창의성 이상의 뜨거운 진정성이 자리 잡고 있습니다. "Think Different" 캠페인은 애플이 단순한 컴퓨터 회사가 아닌, 혁신적 사고와 창의적 정신을 추구하는 브랜드임을 명확히 전달했습니다. 전설이 된 캠페인의 광고에서 애플은 마틴 루터 킹, 아인슈타인, 간디, 피카소 등 전 세계적으로 커다란 영향을 끼친 위인들에게 경의를 표했습니다. 애플이 진정으로 무엇을 추구하는지를 절절하게 보여 준 겁니다.

스티브 잡스는 신제품 발표에서 기술 사양보다 그 제품이 사용자에게 어떤 의미를 갖는지를 이야기했습니다. 신제품 발표 영상을 보면, 잡스가 자신의 기술과 제품에 얼마나 진심인지를 알 수 있습니다. 그는 이를 통해 세상 사람들에게 어떤 이로운 역할을 할 수 있을지를 진정성 있게 전달했습니다. 제품 판매를 넘어, 사람들의 삶을 더 나아지게 하려는 애플의 진심을 느끼게 한 것입니다.

잡스의 진정성은 그의 말과 행동에서 분명하게 드러났습니다. 예를 들어 그는 아이폰을 처음 공개하면서 제품이 사람들의 일상에 어떻게 긍정적인 변화를 가져올지를 강조했습니다. 그는 기술이 우리의 경험을 풍부하게 만들 수 있다는 믿음을 가졌습니다. 이는 애플의 모든 제품에 반영되었습니다.

이러한 진정성은 애플이 고객의 필요와 욕구를 정확히 이해하고 있다는 신뢰를 쌓게 했습니다. 애플은 고객과 깊은 감정적 연결을 맺으려 한 겁니다. 이는 제품 사용자들에게 애플의 철학과 가치를 공유하는 동반자임을 느끼게 합니다.

애플의 진정성은 브랜드 충성도를 높이는 핵심 요소입니다. 고객은 애플이 혁신을 통해 세상을 더 나은 곳으로 만들고자 하는 비전을 가지고 있음을 인식합니다. 이는 고객이 애플을 선택할 때 브랜드가 전달하는 진정성과 가치를 중요하게 생각하도록 만듭니다. 이렇게 애플의 진정성은 고객과의 신뢰 관계를 공고히 하며, 이를 통해 애플은 전 세계적으로 사랑받는 브랜드로 자리매김할 수 있었습니다.

② 파타고니아: 진정성 Sincerity

UN에 따르면 패션 산업은 전 세계 탄소 배출량의 8~10%를 차지하는데, 이것은 항공과 해운 분야를 합친 것보다도 많은 수치입니다. 패션 산업은 '환경오염을 일으키는 산업 2위'라는 불명예를 안고 있는 겁니다. 이런 상황에서 환경을 지키는 것이 곧 정체성이라는 브랜드가 있습니다. 바로 아웃도어 브랜드인 파타고니아입니다.

파타고니아는 1973년에 설립된 미국의 아웃도어 의류 브랜드로, 환경보호와 지속 가능성을 핵심 가치로 삼고 있습니다. 파타고니아는 고품질의 아웃도어 의류와 장비를 제공하는 동시에, 기업의 사회적 책임을 강조하며 전 세계적으로 사랑받는 브랜드입니다. 전 세계 2위 아웃도어 브랜드이며(1위는 노스페이스), 미국 최고 평판 브랜드 1위를 기록하기도 했습니다. 파타고니아가 이처럼 위대한 브랜드로 성장한 이유는, 진정성이라는 감정이 소비자들에게 강력하게 전달되었기 때문입니다. 그들은 기업의 철학과 가치를 소비자들과 진정성 있게 공유하며 깊은 신뢰를 쌓아 왔습니다. 이 진정성 있는 접근이 파타고니아가 소비자들에게 사랑받고, 지속 가능한 성공을 이루게 한 핵심 요소입니다.

환경을 최우선 가치로 내세우는 파타고니아는 진정성을 바탕으로 고객과 깊은 유대감을 형성합니다. 파타고니아의 "Don't Buy This Jacket" 캠페인은 이를 잘 보여 줍니다. 이 캠페인은 블랙 프라이데이의 소비주의에 반대하며, 고객들에게 새로운 옷을 사기보다 기존의 옷을 수선하고 재활용할 것을 권장했습니다. 환경을 위해 파타고니아의 옷도 불필요하면 구매하지 말라는 메시지를 전합니다. 이는 파타고니아의 환경보호에 대한 진정성을 드러내며, 고객들에게 마음의 동조를 일으켰습니다.

파타고니아는 제품 생산 과정에서도 환경을 지키려고 각고의 노력을 기울입니다. 친환경 소재를 사용하고, 공정 무역을 지향하며, 탄소 발자국을 최소화하려고 애씁니다. 예를 들어 파타고니아는 재활용 플라스틱 병을 이용한 의류 제작, 유기농 면 사용, 불필요한 화학 물질 사용 최소화 등을 통해 지속 가능한 생산 방식을 실천합니다. 이러한 노력은 고객에게 진정성을 전달하며, 브랜드 신뢰를 강화합니다.

최근에는 많은 기업이 친환경 캠페인을 비롯하여 지속 가능성을 위한 활동을 활발히 하고 있습니다. 언제부턴가 너도나도 친환경을 내세우고 있는데 한편으로는 작위적인 기업의 행태 때문에 그린워싱[9]이라는 단어도 등장했습니다. 이러한 상황에서 기업의 시작부터 환경이 최고의 가치였던 파타고니아의 활동은 시간이 지나면서 더욱 진정성을 축적했습니다.

파타고니아의 진정성은 창업자인 이본 쉬나드의 전 재산 기부로 다른 기업들이 도저히 넘을 수 없는 수준에 도달했습니다. 파타고니아는 매년 연 매출의 1%를 환경단체에 기부해 왔는데, 2022년 이본 쉬나드와 그의 가족은 30억 달러(약 4조 1,900억 원)에 달하는 지분 전량을 환경보호를 위한 재단에 전달한 겁니다. 파타고니아

---

9   그린 워싱: 녹색 마크나 녹색 문구가 표시된 상품이 시장에서 환경친화적인 상품으로 알려졌으나, 실제로는 부풀려지거나 왜곡되어 소비자의 알 권리를 기만한 상황을 총칭함.(출처: 두산백과)

의 홈페이지에는 '지구가 우리의 유일한 주주'라는 문구가 올라왔
습니다.

파타고니아의 이러한 행보는 사람들에게 강력한 진정성의 감정
을 불러일으켰습니다. 다른 기업들에도 지속 가능성과 사회적 책
임의 중요성을 일깨우는 강력한 메시지를 전달했습니다. 파타고니
아는 이제 아웃도어 브랜드를 넘어, 더 나은 세상을 만들기 위한
가치를 추구하는 상징이 되었습니다.

③ 나이키: 흥분 Excitement

최근 성장이 주춤한 듯하지만, 나이키는 여전히 세계에서 높은 시
장 점유율을 자랑하는 스포츠 브랜드입니다. 글로벌 브랜드로 성
장하기까지 나이키의 브랜딩 전략은 유효했고 많은 사람에게 영
감을 줬습니다. 스티브 잡스는 생전에 애플의 직원들에게 마케팅
연설을 한 적이 있는데, 세계에서 가장 마케팅을 잘하는 회사로
나이키를 언급하기도 했습니다. 나이키는 스포츠웨어와 운동화를
넘어 고객과 강력한 감정적 유대를 형성한 대표적인 브랜드로 자
리매김하고 있습니다.

나이키를 떠올리면 누구나 "Just Do It"이라는 슬로건을 생각합
니다. 이 슬로건이야말로 감정적 연결의 전형적인 사례입니다. 나

이키의 "Just Do It"은 단순한 광고 문구를 넘어, 고객에게 꿈과 목표를 실현하라는 동기 부여 메시지를 진심으로 전달합니다. 이는 진정성과 열정을 강조하며, 나이키가 고객의 잠재력을 믿고 이를 격려하는 브랜드임을 제시합니다.

나이키의 브랜드 캠페인은 언제나 흥분을 자아냅니다. 유명 운동선수들과의 협업, 화려하게 연출된 광고, 브랜드 캠페인 등은 고객들에게 지속적인 흥분과 기대를 줍니다. 나이키의 광고는 기승전결이 잘 구성되어 있어, 스토리가 튼튼한 영화 같습니다. 광고를 보면 당장 나가서 뛰어야 할 것 같은 두근거림에 흥분이 됩니다.

"Dream Crazy" 캠페인은 콜린 캐퍼닉과 같은 운동선수들을 내세워 꿈을 포기하지 말라는 강렬한 메시지를 전달했습니다. 이 광고는 사회적 이슈와 개인의 도전을 결합하여 큰 반향을 일으켰습니다. 또한 나이키코리아에서 제작한 '너라는 위대함을 믿어' 광고는 여성들에게 스스로를 믿으면 자신의 무궁무진한 가능성과 잠재력을 발휘할 수 있다는 메시지를 전달했습니다. 광고 동영상은 조회수가 천만 회를 넘을 정도로 화제였습니다. 흥미로운 것은 광고에서 박나래, 청하와 같은 유명 연예인이 스토리의 일부로 스쳤을 뿐이라는 점입니다. 주방에서 요리하는 여성에 대한 고정관념을 깨는 장면도 인상 깊습니다.

이러한 캠페인은 나이키의 브랜드 감정을 더욱 공고히 했습니다. 나이키는 하나의 문화 현상을 만들어 내는 브랜드임을 보여 줍니다. 이는 나이키가 고객에게 특별한 경험과 흥분을 제공하고 있음을 보여 줍니다.

나이키의 광고나 캠페인은 SNS와 유튜브 등 다양한 채널로 널리 퍼져 나가며, 전 세계의 사람들에게 영감을 줍니다. 나이키는 소셜미디어로 고객과 실시간으로 소통하며, 그들의 이야기를 공유하고 응원합니다. 이러한 활동은 고객에게 나이키가 삶의 동반자이자 영감을 주는 존재임을 느끼게 합니다.

이러한 브랜딩 활동은 팬들에게 열광적 반응을 이끌어 냅니다. 이와 함께 사람들에게 '흥분'이라는 감정을 전달합니다. 나이키의 광고와 브랜드 캠페인은 고객에게 열정과 도전을 상기시킵니다. 이것이 나이키가 전 세계적으로 사랑받는 이유 중 하나이며, 브랜드 충성도를 높이는 중요한 요소입니다.

나이키는 "Just Do It" 슬로건으로 고객에게 흥분을 전달하며, 그들과 깊은 감정적 유대를 형성해 왔습니다. 이러한 감정적 연결은 나이키가 단순한 제품 판매를 넘어, 하나의 문화 아이콘으로 자리매김하게 하는 핵심 요소입니다.

④ 할리데이비슨: 터프함 Ruggedness

웅장해 보이는 오토바이를 타고 줄을 맞춰 도로를 달리는 무리를 본 적이 있습니다. 오토바이와 세트인 듯한 헬멧과 장갑, 부츠 등을 장착한 그들은 한눈에 봐도 오토바이 동호회 회원들이었습니다. 자세히 보니 그들의 오토바이는 '할리데이비슨'. 아마도 그들은 할리데이비슨 라이더 모임의 회원들이었을 겁니다. 할리데이비슨은 오토바이에 남다른 애정을 가진 소수의 사람들만 선택하는 럭셔리한 '장비'라고 생각했습니다. 그런데 할리데이비슨은 엄청난 팬을 보유한 탄탄한 브랜드입니다.

전 세계에서 가장 많은 사람들이 새기는 문신의 문구가 '어머니'인데, '어머니'의 뒤를 이어 두 번째로 많은 이들이 찾는 문구가 할리데이비슨 로고입니다. 몸에 새길 정도로 팬들의 브랜드 충성도가 높기 때문이지요. 저도 몸에 문신이 있습니다. 문신은 한번 새기면 지우기가 쉽지 않기에 문구를 신중하게 결정했습니다. 그런데 문신의 문구로 할리데이비슨의 로고를 선택한다니. 그 브랜드가 사람들에게 얼마나 강력한 감정적 영향을 미치는지를 알 수 있는 대목입니다. 할리데이비슨은 오토바이라는 이동 수단을 넘어 자유와 반항, 형제애와 개성을 상징하는 브랜드로 강력하게 자리매김하고 있는 것입니다.

할리데이비슨은 모험과 자유의 이미지를 강조합니다. 할리데이비슨 라이더 모임을 도로에서 마주할 때마다 느끼는데, 그들은 평범한 도로를 마치 정글이나 사막의 레이싱을 연상하게 만들 정도로 강렬합니다. 할리데이비슨 오토바이의 트레이드마크는 높이 솟아 있는 손잡이. 저처럼 오토바이에 관심이 없는 사람들이 보면 위험천만해 보입니다. 그래서 라이더 모임에서 백발의 멤버들을 발견하고 놀란 적이 있습니다.

할리데이비슨 오토바이는 개인의 개성과 취향을 잔뜩 반영하는 커스텀 바이크로도 유명합니다. 이렇게 할리데이비슨이 추구하는 모험과 자유의 이미지는 개성을 발휘하는 욕구로 승화되고, 그 내면에는 터프함이라는 거친 감정이 사람들에게 강력하게 전달되고 있습니다.

할리데이비슨은 라이더 커뮤니티로 브랜드 충성도를 높였습니다. 백만 명이 넘는 세계 최대의 모터사이클 동호회인 할리데이비슨 오너스 그룹Harley Owners Group, HOG와 같은 커뮤니티 활동은 라이더들 사이에서 강한 유대감을 형성합니다. 할리데이비슨이 상징하는 자유, 형제애, 모험 정신을 함께 공유하며 브랜드와의 정서적 연결을 강화했습니다. 이러한 커뮤니티 활동은 할리데이비슨을 하나의 라이프스타일로 자리 잡게 했습니다.

⑤ 젠틀몬스터: 세련됨Sophistication

젠틀몬스터를 처음 알게 된 것은 전주시 사회혁신센터의 리모델링 설계 업무를 맡았을 때였습니다. 공공기관의 틀에 박힌 공간에서 벗어나, 파격적이고 혁신적인 공간을 만들고 싶었습니다. 그래서 건축 전문가들에게 자문을 했는데, 젠틀몬스터 매장을 참고하라는 조언을 많이 들었습니다. 처음에는 선글라스 브랜드와 혁신적인 공간이 무슨 관련이 있을까 의아했지만, 젠틀몬스터 매장의 입구를 보고 생각이 완전히 바뀌었습니다. 그들이 만들어 낸 공간의 혁신성과 독창성에 금세 매료되었고, 이를 설계에 적극 반영하기로 했습니다. 안타깝게도 공공기관의 보수적인 벽을 넘지 못해 센터는 제가 의도한 만큼 파격적인 공간이 되지는 못했습니다.

젠틀몬스터는 "세상을 놀라게 하라"라는 기업 철학과 함께 예술과 패션을 결합한 라이프스타일 브랜드로 자리매김하고 있습니다. 이들은 단순히 선글라스를 판매하는 것이 아니라, 고객들에게 예술적 영감을 주고 감정적 유대를 형성하는 것을 목표로 하는 듯합니다. 젠틀몬스터 매장은 예술적 설치물과 독특한 인테리어로 고객에게 특별한 경험을 제공합니다. 이 독창적이고 예술적인 디자인은 시장에서 강력한 차별화를 이룹니다. 매장을 방문하는 고객들은 마치 예술 갤러리에 들어선 듯한 감각을 느낍니다. 이러한 경험은 젠틀몬스터의 세련된 이미지를 강화하고, 고객들이 젠틀몬스터 제품을 선택하는 데 중요한 역할을 합니다. 젠틀몬스터는 브랜드 자체를 하나의 예술로 만들어 가고 있는 겁니다.

젠틀몬스터의 김한국 대표는 한 인터뷰에서 "젠틀몬스터의 원칙은 압도적인 공간 디자인으로 사람들의 인식을 사로잡겠다는 겁니다."[10]라고 말했습니다. 매장을 방문하면 이 원칙이 얼마나 잘 실현되고 있는지를 바로 느낄 수 있습니다. 젠틀몬스터 매장은 그 자체로 강렬한 예술적 경험을 제공하며, 브랜드의 독창적인 철학을 생생하게 전달합니다.

젠틀몬스터는 2011년에 설립된 한국 토종 아이웨어 브랜드로, 독창적인 디자인과 혁신적인 마케팅 전략으로 전 세계적으로 주목받고 있습니다. 세계 1위 럭셔리 그룹인 루이비통모에헤네시 LVMH도 젠틀몬스터에 관심을 보이며 천억 원대 투자를 검토 중이라는 소식[11]이 전해진 적도 있습니다.

---

10 박동휘·배정철, 파격적 공간 디자인이 소비자 마음 열어…안경 진열에만 2년 고민, 한경, 2021년 10월 31일 자.

11 민지혜, 루이비통도 관심 갖는 '젠틀몬스터'를 아십니까, 모바일한경, 2017년 4월 12일 자.

03 브랜드
자산 가치
구성 모델

브랜드의 핵심은 소비자에게 특정한 감정을 불러일으키는 데 있습니다. 이것이 바로 브랜드의 '정서적 가치'입니다. 정서적 가치는 브랜드의 자산을 구성하는 한 축이 됩니다. 또 다른 축은 제품과 서비스의 직접적인 속성과 연관된 '기능적 가치'입니다. 이 두 가치는 브랜드가 성공적으로 자리 잡고 성장할 수 있게 하는 중요한 출발점이 됩니다.

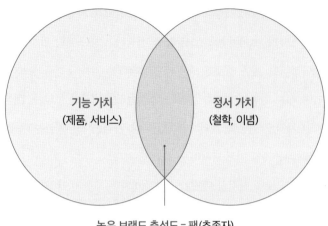

높은 브랜드 충성도 = 팬(추종자)

기능적 가치: 제품의 품질이 어떠한가?

기능적 가치는 소비자가 제품이나 서비스를 선택할 때 고려하는 가장 기본적이고 실질적인 요소를 의미합니다. 맛이 뛰어나고, 사용이 편리하며, 내구성이 높고, 디자인이 아름다운 것 등이 기능적 가치에 해당하는 거죠. 우리가 흔히 추구하는 기능적 가치는 바로 제품의 품질입니다. 제품 품질은 기능적 가치의 핵심 요소로, 소비자는 품질이 우수한 제품을 사용하면서 만족감을 느끼고, 브랜드에 대한 신뢰를 쌓아 갑니다.

예를 들어 가전제품 브랜드가 고장 없이 오래 사용하는 제품을 제공한다면, 소비자는 그 브랜드를 신뢰하고 재구매할 가능성이 높아집니다. 높은 품질은 소비자가 기대하는 기본 요건을 충족시키며, 이는 기능적 가치를 높이는 데 결정적인 역할을 합니다. 합리적인 가격도 기능적 가치에 포함됩니다. 가격은 소비자가 제품을 선택할 때 가장 먼저 고려하는 요소 중 하나로, 가격이 합리적이면 소비자의 구매 결정을 촉진합니다. 소비자는 제품의 가격과 품질, 성능을 비교하여 합리적인 선택을 하는데, 품질과 성능에 비해 가격이 저렴하다면 이는 브랜드의 기능적 가치를 긍정적으로 형성하는 데 기여합니다.

디자인 역시 중요한 기능적 가치 중 하나입니다. 디자인은 제품을 아름답게 만드는 것을 넘어, 브랜드의 기능적 가치를 극대화하는 핵심 요소입니다. 디자인은 브랜드를 시각적으로 전달하는 수단일 뿐만 아니라, 제품의 사용성을 개선하고 소비자 경험을 긍정적으로 향상시킵니다. 사용자 친화적인 디자인은 제품 사용을 직관적이고 간편하게 만들어, 소비자가 쉽게 이해하고 활용할 수 있도록 돕습니다. 이는 소비자의 만족도를 극대화하고, 브랜드에 대한 긍정적인 경험을 쌓는 데 중요한 역할을 합니다.

한편 소비자의 반응 정도는 품질, 디자인, 가격순으로 다릅니다. 품질보다는 디자인이, 디자인보다는 가격이 반응도 즉, 구매에 영향을 미치는 정도가 크다는 의미입니다. 소비자는 당장 체감할 수 있는 것에 즉각 반응하기 때문입니다.

브랜드의 기능적 가치 요소

기능적 가치 요소	설명	역할	소비자에게 미치는 영향	반응도
품질	성능, 실용성 등으로 형성되는 우수성	신뢰	직접적인 만족감을 느끼고, 브랜드에 강한 신뢰를 형성. 재구매 가능성 제고.	
디자인	시각적 아름다움과 사용자 편의성	호감	주관적인 취향이 반영되고, 제품의 첫인상을 결정.	
가격	품질, 성능 간의 경제적 비교 및 지불 의사	판단	구매 결정의 중요한 요인. 적절한 가격 설정은 소비자들에게 안도감을 제공.	

브랜드의 기능적 가치는 소비자가 제품이나 서비스를 선택하는 데 있어 기본적인 기준이 됩니다. 하지만 중요한 점은 이 기능적 가치가 기본적인 기준, 즉 브랜드의 필요조건이라는 사실입니다. 좋은 품질, 합리적인 가격, 아름다운 디자인, 편리함 등 기능적 가치

는 기업이 소비자에게 당연히 제공해야 하는 비즈니스의 기본 요소입니다.

이렇게 중요한 기능적 가치는 소비자가 특정 브랜드를 선택하는 데 절대적인 이유처럼 보일 수 있습니다. 하지만 실상을 보면 그렇지 않습니다. 기능적 가치는 소비자의 마음에서 일부분만을 차지할 수 있을 뿐, 진정한 마음을 사로잡기는 어렵습니다. 브랜드로서 강력한 힘을 발휘하기도 힘듭니다. 브랜드의 진정한 힘은 기능적 가치를 넘어, 정서적 가치를 함께 갖출 때 비로소 생겨납니다. 기능적 가치는 기본이지만, 정서적 가치는 소비자의 마음을 움직이고 브랜드에 깊은 유대감을 형성하게 하는 요소입니다.

정서적 가치: 소비자의 마음을 움직이는 힘

정서적 가치는 브랜드가 소비자에게 일으키는 감정, 기억, 경험 등을 포함하며, 이는 브랜드 충성도와 깊은 관련이 있습니다. 진정한 브랜드가 되는 길은 이 정서적 가치를 형성하는 데 있음을 반드시 기억해야 합니다. 앞서 설명한 애플이나 나이키와 같은 세계적인 브랜드의 성공 비결도 바로 이 정서적 가치에 있습니다.

정서적 가치는 브랜드를 소비자의 삶 속에 깊이 뿌리내리게 하며, 그들의 자아를 실현하고 표현하는 도구로 만들어 줍니다. 유엔 밀레니엄 프로젝트의 제롬 글렌 회장은 2018년에 자아실현 욕구가 '자아실현 경제'를 열어 갈 것이라는 예측[12]을 했습니다. 현재 우리는 그것이 현실이 되었음을 목격하고 있습니다. 사람들은 자아가 훼손된다고 느끼면, 주저 없이 직장과 인간관계를 정리합니다. 특히 MZ세대가 퇴사하는 주요 이유 중 하나는 경직되고 수직적인 조직문화 때문입니다. 이들은 자유롭게 자신을 표현하지 못하는 환경에 더 이상 머무르지 않습니다. 퇴사 과정과 감정을 브이로그 형식으로 유튜브에 공유하며, 자신의 생각을 솔직하고 거침없이 드러냅니다.

사회적 네트워크 서비스(SNS)는 단순히 사람들을 연결하는 역할에 머물지 않습니다. SNS에서 새로운 사람을 만나고 관계를 형성하는 기능은 약해졌습니다. 대신 자신의 존재를 부각하고, 얼마나 멋진 삶을 살고 있는지를 드러내는 데 더 집중하게 되었습니다. 자아는 취향이라는 형태로 구체화되고, 사람들은 자신을 더 깊이 탐구하며 자아실현을 위해 끊임없이 새로운 길을 모색합니다. 브

---

12   김희경, 자아실현 욕구, 플랫폼에서 어떻게 가치로 창출할지 고민해야, 한국경제, 2018년 12월 12일 자.

랜드가 이 자아실현의 과정에서 소비자들에게 의미 있는 역할을 제공할 수 있다면, 그 브랜드는 단순한 상품을 넘어섭니다. 소비자의 삶에 깊숙이 스며들어, 그들의 자아를 확립하고 표현하는 강력한 도구로 자리 잡는 겁니다. 이처럼 자신을 표현하고자 하는 욕구를 충족시키는 브랜드만이, 진정한 의미에서 소비자의 일상과 인생에 없어서는 안 될 동반자가 될 수 있습니다.

당신의 비즈니스가 이러한 자아 표현 욕구를 충족시킬 수 있다면, 그 제품은 사람들의 삶에 깊숙이 자리 잡을 수 있습니다. 사람들은 자신의 가치관과 라이프스타일을 투영할 수 있는 브랜드를 선택하며, 그 브랜드와의 관계 속에서 자신을 발견하고 성장해 갑니다. 이 과정이야말로 브랜드를 소비자의 일상 속에 필수적으로 자리 잡게 하고, 그들에게 없어서는 안 될 동반자로 만드는 비결입니다.

산업 구조가 급변하고 소비자들의 니즈가 끊임없이 진화하는 환경에서 제품의 기능만으로는 소비자들의 마음을 사로잡기 어려워졌습니다. 기능적 차별화가 점점 더 어려워지는 지금, 브랜드는 단순한 제품의 효용성을 넘어, 소비자들에게 정서적으로 어떻게 다가갈 것인가에 대해 깊이 고민해야 합니다. 이에 대한 해답은 브랜드의 정서적 가치 형성에서 찾을 수 있습니다. 정서적 가치를 만들 수 있는 실질적인 방법은 2장에서 자세히 다루겠습니다.

욕쟁이 할머니도 브랜드일까?

욕쟁이 할머니 식당을 직접 가 보지는 않았더라도 우리는 욕쟁이 할머니의 존재를 알고 있습니다. 욕쟁이 할머니는 다소 거친 욕을 서슴없이 하고 불친절하지만 인간적인 냄새를 물씬 풍기는 정겨운 이미지를 갖고 있습니다. 현지인만 아는 엄청 맛있는 국밥집을 운영할 것 같은 욕쟁이 할머니는 세계적인 브랜드에 비해 인지도는 낮습니다. 하지만 브랜드 자산 가치 모델에 대입해 보면 충분히 브랜드가 됩니다.

먼저 욕쟁이 할머니의 기능적 가치를 살펴볼까요? 식당을 운영하는 욕쟁이 할머니의 기능적 가치는 맛입니다. 오랜 식당 운영 경험을 바탕으로 한, 욕쟁이 할머니가 가진 맛이라는 기능적 가치는 의심할 여지가 없겠지요. 전통적인 방식으로 오래도록 축적한 레시피로 정성스럽게 만든 제품은 소비자들에게 신뢰를 주며 긍정적인 평가를 받습니다. 또한 가격도 저렴합니다. '인스타용' 사진을 위해 현란하게 스타일링한 값비싼 음식에 비해, 욕쟁이 할머니가 만든 음식은 합리적인 가격으로 가성비 높은 한 끼를 제공합니다. 디자인 측면에서도 욕쟁이 할머니 식당만의 특유한 분위기가 정겹습니다. 공간이나 메뉴판, 식기 등이 깔끔하고 고급스럽지는 않지만, 세월이 느껴지는 식당의 분위기는 색다른 시각적 즐거움과 기분을 제공합니다.

그렇다면 욕쟁이 할머니의 정서적 가치는 어떨까요? 욕쟁이 할머니는 친근함을 떠오르게 합니다. 독특한 유머로 욕쟁이 할머니는 소비자와 감정적으로 연결됩니다. 할머니의 직설적이고 거친 언어가 처음에는 놀랍습니다. 하지만 이는 곧 유쾌한 웃음과 친밀감으로 전환됩니다. 친근함과 유머는 각종 매체에서 개그나 광고의 소재로도 활용됩니다. 한 배우는 욕쟁이 할머니 캐릭터로 제2의 전성기를 맞기도 했습니다.

이러한 독특한 매력은 소비자에게 특별한 경험을 제공하는데 MZ세대에게도 인기가 많다고 합니다. "내 가게 인터넷에 올리면 가만히 안 둔다!" 이렇게 엄포를 한 욕쟁이 할머니의 한 식당은 MZ손님들이 업로드한 정보를 힌트 삼고 추리해 가까스로 찾아갈 수 있습니다. 한 신문사의 기자가 인접 가게들에 물어 이 노포를

힘들게 방문했는데 20~30대 손님들로 가득했다고 합니다.[13]

욕쟁이 할머니는 많은 사람들에게 어린 시절의 따뜻한 기억과 깊이 연관되어 있습니다. 현대 사회에서는 좀처럼 느끼기 힘든 할머니의 손길과 애정 어린 마음을 간접적으로 경험하게 합니다. 이는 향수를 불러일으키며, 소비자들에게 감정적으로 다가갑니다. 소비자에게 깊은 정서적 가치를 제공하는 겁니다. 욕쟁이 할머니 가게에서는 맛있는 음식만이 아니라, 어린 시절 할머니 댁에서 느꼈던 따뜻함과 정겨움을 다시금 느낄 수 있습니다.

욕쟁이 할머니의 이야기는 작은 비즈니스라도 뛰어난 품질과 소비자와의 감정적 연결을 통해 성공할 수 있음을 보여 줍니다. 브랜드의 본질은 결국 소비자와의 정서적 연결에서 비롯되며, 이를 통해 브랜드로서의 시작점에 설 수 있다는 사실을 알려 줍니다.

---

13 이예린, "인터넷에 가게 올리지마" 엄포… 식당 '보물찾기 마케팅' 먹힌다, 문화일보, 2022년 5월 12일 자.

작은 비즈니스의 브랜딩이 더욱 쉽고 유리한 이유

욕쟁이 할머니가 브랜드의 요소를 갖춘 것처럼, 작은 비즈니스도 충분히 강력한 브랜드로 성장할 수 있습니다. 오히려 작은 비즈니스가 유리한 점이 많습니다. 기능적 가치만 놓고 본다면 대기업과 경쟁하기 어려울 수 있습니다. 기술과 자본이 많은 기업이 기능적 우위를 점하는 것은 자연스러운 일입니다. 하지만 요즘처럼 모든 리소스가 공개되고 접근이 용이한 시대에서는 제품이나 기술, 디자인 등을 쉽게 모방할 수 있습니다. 이러한 환경 속에서 기능적 가치를 온전히 지키는 것은 점점 더 어렵습니다. 그러나 정서적 가치는 다릅니다. 그것은 돈이나 기술로 쉽게 얻을 수 있는 것이 아닙니다. 물론 자본이 있으면 더 그럴싸하게 포장할 수는 있겠지만, 감정과 정서는 단순히 포장의 문제가 아닙니다.

저는 강의를 하면서 현장에서 다양한 작은 사업가를 만납니다. 카페나 식당 사장님, 유튜버, 작가 등 분야는 다르지만, 그들에게는 공통된 특징이 있습니다. 누구보다도 열정적이며, 자신이 한땀 한땀 이루어 가는 비즈니스에 무한한 애정을 쏟으며 자긍심을 갖고 있다는 점입니다. 이들은 비즈니스와 삶을 하나로 일치시키며, 쉬지 않고 고민하고 공부하며 성장합니다.

그들의 모습을 지켜볼 때마다 저는 열정, 꾸준함, 그리고 진정성이라는 감정을 느낍니다. 그들의 진심은 고스란히 전달되어 가슴을 뜨겁게 만듭니다. 이 진정성은 그 어떤 자본이나 기술로도 대체할 수 없는, 작은 비즈니스만의 가장 강력한 힘입니다. 이러한 힘은 브랜드가 정서적 가치를 강력하게 구현할 수 있는 중요한 요소가 됩니다. 대기업을 박차고 농사라는 사업 아이템을 선택한 사람, 아이를 등에 업고 제품 개발에 매진하며 꿈을 이루어 가는 엄마 사장님, 딸의 아토피를 개선하려고 유기농 제품을 먹다 직접 판매에 나선 아빠 등 이들의 여정은 그 어떤 브랜드도 따라 할 수 없는 훌륭한 스토리가 됩니다. 이들의 이야기는 특별한 감정을 만들어 내며 브랜드의 정서적 가치를 극대화하는 강력한 원천이 됩니다. 이것이 바로 작은 비즈니스의 브랜딩에서 유리한 점입니다.

작은 비즈니스야말로 진정성과 열정을 통해 고객과의 깊은 정서적 연결을 만들기 유리합니다. 소비자들은 제품 이상의 것을 원하고, 정서적 연결을 원합니다. 이 연결은 대규모 자본이 아닌, 진정성과 개성에서 비롯됩니다. 작은 비즈니스를 하는 사람들의 열정과 애정이 바로 정서적 가치를 구축할 수 있는 핵심입니다. 제품은 모방될 수 있지만, 사장 한 명 한 명이 가진 스토리는 결코 모방될 수 없습니다. 제품은 결과물에 불과하지만, 스토리는 그 결과에 이르는 과정을 담고 있기 때문입니다. 스토리는 한 사람의 인생과 고민이 매일같이 축적되고 정제되어 만들어지는 현재진행형의 여정입니다. 제품이 결과라면, 스토리는 결과를 만들어 가는 독창적인 과정이자 브랜드의 영혼입니다. 이 과정은 그 누구도 따라 할 수 없습니다.

따라서 작은 비즈니스는 기능적 가치에서의 격차를 정서적 가치로 충분히 메울 수 있습니다. 이는 브랜드로서의 출발점에 서는 강력한 기반이 됩니다. 오히려 고객에게 더 진정성 있고, 특별한 경험을 제공하면서, 강력한 브랜드로 자리 잡을 수 있습니다. 진정성과 개성, 그리고 인간적인 접근을 통해, 작은 비즈니스는 소비자의 마음을 사로잡고, 삶 속에 깊이 뿌리내릴 수 있습니다.

04   브랜딩,
       당신의 이야기가
       필요한 이유

브랜딩은 생존을 넘어서, 비즈니스가 시대적 흐름 속에서 어떻게 발전하고 자리 잡을 수 있는지를 보여 주는 핵심 전략입니다. 이번 장에서는 브랜딩이 왜 생존 이상의 의미를 가지며, 시대의 변화에 따라 어떻게 필수적 요소로 자리 잡았는지를 살펴봅니다. 이 과정에서 브랜딩이 매우 강력한 힘이라는 것을 확인하게 될 겁니다.

이 시대의 소비 기준

최근 소비 기준이 전반적으로 변하고 있습니다. 과거에는 소비자들이 품질과 가격을 가장 중요하게 여겼습니다. 예를 들어 키보드를 구매할 때는 튼튼하고, 사용이 편리하며, 가격의 합리성 등을 주로 고려했습니다. 시장의 제품이 한정적이었고, 기술적 완성도가 높지 않았기에 품질과 가격만 충족시켜도 충분히 차별화될 수 있었기 때문입니다. 하지만 시간이 지나면서 공급이 늘고, 제품의 완성도도 점점 높아졌습니다. 이제 제품의 완성도는 더 이상 차별화 요소가 아닌 기본 요건이 되었습니다. 사람들의 관심은 자연스레 디자인으로 옮겨 갔습니다. 이제는 키보드가 예쁘기까지 해야 한다는 겁니다.

함께 일하던 직원이 새로 산 키보드를 회사에서 자랑한 적이 있습니다. 처음에는 '키보드가 얼마나 좋기에 저렇게 떠들썩하게 자랑을 하나'라고 생각했는데 키보드를 본 순간 생각이 완전히 바뀌었습니다. 기존의 사무적인 느낌의 키보드와는 차원이 달랐습니다. 타이핑할 때마다 화려한 불빛이 나오고, 그 색이 시시각각 변해 모두의 시선을 사로잡았습니다. 가격을 물어보니 고가였습니다. 그 직원의 소비 기준은 디자인으로까지 확장된 겁니다.

주변을 둘러보면 디자인이 우수한 제품이 많습니다. 비교적 저렴한 다이소의 제품들조차도 뛰어난 디자인을 자랑할 때가 많아 놀라곤 합니다. 이제 소비자들은 디자인도 선택의 기본 요건으로 생각하는 시대입니다. 이에 대해 '디자인 주도 혁신' 개념의 창시자인 로베르토 베르간티 교수는 "모든 기업이 디자인을 통해 차별화를 만들어 낼 때, 그 차별화는 경쟁력을 잃어버리고 만다."[14]라고 했습니다. 또한 디자인은 의무적인 요소로 변화하고 있으며, 이제는 더 이상 차별화를 만들어 내는 핵심 역량이 될 수 없다고 말합니다. 결국 소비자들의 기준은 점점 더 높아지고 있으며, 이제 제품은 품질과 디자인을 넘어, 소비자에게 새로운 무언가를 제공해야만 하는 상황입니다.

그렇다면 지금의 시대에 사람들은 무엇을 중요하게 여기며 소비할까요? 바로 제품을 판매하는 브랜드 그 자체입니다. 이제 소비자들은 브랜드가 지향하는 가치, 브랜드를 이루는 사람들의 생각 등에 주목합니다. 제품의 품질이 아무리 뛰어나고, 디자인이 아무리 아름다워도, 브랜드가 매력적이지 않다면 소비자는 구매를 주저합니다. 현대 소비자들에게 가장 중요한 것은 브랜드 자체인 겁니다.

이제 사람들의 소비 기준에 영향을 미치는 브랜드의 모습을 살펴봅시다. 그 핵심은 사회적 영향력(소셜 임팩트)입니다. 브랜드가 사회에 미치는 긍정적인 영향이 소비자들의 중요한 판단 기준이 되

---

14   로베르토 베르간티, 『의미를 파는 디자인』, 범어디자인연구소 옮김, 유엑스리뷰, 2022, 14페이지.

고 있습니다. 브랜드가 사회와 환경에 어떤 기여를 하는지, 얼마나 책임감 있게 행동하는지가 소비자들, 특히 MZ세대에게 중요한 선택의 기준인 시대입니다.

이를 잘 나타내는 단어가 '미닝아웃', '가치 소비'입니다. 이 두 용어는 현대 소비 트렌드를 잘 설명합니다. '미닝아웃'은 자신의 신념과 가치를 소비로 드러내는 행동을 말하며, '가치 소비'는 단순한 가격 대비 성능이 아닌, 제품과 브랜드가 지닌 가치에 따라 소비를 결정하는 것을 뜻합니다. MZ세대는 특히 이러한 소비 패턴을 중요하게 여기며, 이는 그들의 삶의 방식이 되고 있습니다.

『소셜임팩트』의 자료[15]를 보면, 제품을 구매할 때 기업의 사회적 평판이 큰 영향을 미친다고 답한 비율이 약 83%에 달합니다. 특히 2030세대, 즉 MZ세대가 가장 큰 영향을 받는다고 응답합니다. 성장 관리 앱 '그로우'의 설문조사에는 MZ세대 10명 중 8명이 자신을 '가치 소비자'로 정의한다는 결과가 나왔습니다. 이들은 자신이 지지하는 가치를 실현하기 위해 소비합니다.

이러한 양상은 전 세계적으로 비슷합니다. 2021년 하바스Havas 그룹의 조사에 따르면, 응답자들은 전 세계에 존재하는 브랜드 중

---

[15]   이상일·최승범·박창수, 『소셜임팩트』, 한국경제신문사, 2020, 63페이지.

75%가 지금 당장 사라져도 전혀 문제가 되지 않는다고 응답했습니다. 소비자들이 많은 브랜드에 무관심하다는 충격적인 결과입니다. 그런데 이어진 질문, "어떤 브랜드가 세상에 남아야 할까요?"에 대한 답변에서, 응답자의 73%가 "사회를 더 좋은 곳으로 만드는 브랜드"라고 답했습니다.[16] 사회에 긍정적인 영향을 미치는 기업만이 진정으로 생존할 가치가 있는 좋은 기업이라는 뜻이지요. 이처럼 현대 소비자들은 브랜드의 사회적 책임과 긍정적인 영향력을 중요한 선택 기준으로 삼고 있습니다.

더 이상 소비자들은 가격이나 품질만을 고려하지 않습니다. 이제 브랜드는 사회와 환경에 어떤 기여를 하는지에 대해 책임을 다해야 합니다. 그러지 않으면 소비자들의 마음에서 멀어질 수밖에 없습니다. 브랜드가 진정으로 사회적 책임을 다하고, 긍정적인 영향을 미치려는 노력을 할 때 비로소 소비자들의 마음을 움직일 수 있습니다.

---

16   호소다 다카히로, 『컨셉 수업』, 지소연·권희주 옮김, 알에이치코리아, 2024, 112페이지.

라면도 브랜드: '갓뚜기'의 비결

우리나라 사람들의 라면 사랑은 세계에서도 손에 꼽힙니다. 1인당 연간 소비량이 87개에 달해 전 세계 2위를 차지할 정도입니다(1위 는 베트남).[17] 그야말로 '라면의 민족'이라 불러도 손색이 없습니다. 편의점 CU에서는 이러한 인기를 반영해 라면 특화 편의점 '라면 라이브러리'를 운영하고 있습니다. 이곳에서는 230종 이상의 라면 이 판매됩니다. SNS에서 입소문을 타고 외신에서도 주목할 만큼 화제의 명소입니다.

'라면 라이브러리'는 적지 않은 외국인들도 방문합니다. 영화 〈기생충〉을 비롯한 다양한 K콘텐츠에 등장한 대한민국 라면이 전 세계로 진출하는 모양새입니다. 여기에서 중요한 것은 우리나라 사람들에게 라면은 단순한 한 끼 식사가 아니라, 영혼을 흔드는 '소울푸드'로 자리 잡고 있다는 점입니다. 저 역시 나만의 방식대로 라면을 끓여 먹는 것이 소소한 행복 중 하나입니다. 칼칼한 국물 에서 건져 올린 면발에 시원한 김치를 올려 먹는 것은 작은 기쁨입 니다.

---

17 유선희, 세계에서 라면 가장 많이 먹는 나라, 이젠 한국이 아니라고?, 한겨 레, 2022년 6월 30일 자.

여러분은 어떤 라면을 가장 좋아하나요? 한국의 1위 라면은 농심의 신라면입니다. 그렇다면 2위는? 대부분 예상하듯이 오뚜기의 진라면입니다. 신라면은 1991년부터 압도적인 시장 점유율을 자랑해 왔지만, 최근 5년 동안 진라면의 약진이 심상치 않습니다. 두 라면을 모두 좋아하는 사람으로서, 두 브랜드가 치열하게 경쟁하는 모습을 지켜보는 것은 흥미롭습니다. 라면은 제품의 기능적 가치, 즉 맛이 가장 큰 영향을 미친다고 생각했기에, 오랜 강자인 신라면이 계속해서 1위를 유지할 것이라고 예상했습니다. 그런데 2020년에 놀라운 소식을 접했습니다. 마침내 진라면이 신라면을 제치고 1위 자리에 오른 겁니다. 특히 2030세대가 신라면보다 진라면을 더 선호하는 것으로 나타났습니다.[18] 입맛은 쉽게 바뀌지 않는다고 생각했는데 이 상황이 쉽게 납득되지 않았습니다. 그래서 나름의 분석을 했는데, 진라면 1위의 비밀은 브랜드에 있었습니다.

진라면은 오뚜기의 제품입니다. 그런데 소비자, 특히 MZ세대가 오뚜기를 '갓뚜기'라고 부릅니다. '갓'은 신을 뜻하는 'god'에서 유래한 말로, 어떤 대상을 극찬하거나 찬양할 때 사용합니다. 그렇다면 오뚜기는 어떻게 '갓뚜기'가 되었을까요?

---

18 리얼미터, 라면 선호도, 진라면 1위 속, 신라면 2위 바짝 추격, 2020년 9월 25일 자.

오뚜기는 비정규직이 없는 회사로 유명합니다. 정규직 비율이 98%에 달하며, '정규직 채용 의무화'는 오뚜기의 경영 철학 중 하나입니다. 오뚜기의 정직한 상속도 많은 사람들의 주목을 받았습니다. 함영준 회장은 아버지인 고 함태호 명예회장에게 상속받은 재산에 해당하는 1,750억 원의 상속세를 5년에 걸쳐 성실히 납부하겠다고 밝혔습니다. 상속세 줄이기에 혈안인 일부 재벌 오너의 모습과는 다릅니다. 이 외에도 심장병 어린이 후원 사업, 노숙자에게 무료로 토스트를 제공하는 석봉토스트에 10년간 무상 소스 지원, 라면 업계 최초 친환경 패키지 도입, 협력업체와의 상생 노력, 시각장애인을 위한 점자 스티커 사용 등으로 '미담 자판기'라는 별칭을 얻었습니다.

오뚜기의 '착한 행보'는 사람들에게 정서적 가치로 형성되어 긍정적인 감정을 불러일으켰습니다. 이는 매출에도 긍정적인 영향을 미쳤으며, 그 중심에는 가치 소비를 중시하는 MZ세대들의 활약이 있었습니다.

라면은 전형적인 저관여 제품입니다. 제품의 중요도가 낮고 가격이 저렴하여, 잘못 구매해도 큰 부담이 없기에 소비자가 별다른 고민 없이 구매하는 제품입니다. (고관여 제품은 구입 과정에서 시간과 노력을 많이 들이는 제품으로, 아파트나 자동차처럼 가격이 비싸거나 개인에게 중요한 의미가 있는 제품임) 저관여 제품의 특성상 소비자는 구매 과정에서 자신의 주체성을 크게 발휘합니다. 라면 한 봉지를 사기 위해 편의점에 들어가 엄마에게 전화를 걸어 어떤 라면을 사야 할지 묻는 사람은 거의 없지요. 라면의 저관여 제품 특성과 가치 소비를 중시하는 MZ세대의 소비 성향이 만나 진라면이 1위를 차지할 수 있었다고 진단합니다.

이런 맥락에서 보면, 오뚜기의 선행은 소비자들의 마음을 사로잡고 매출에도 긍정적인 영향을 미쳤습니다. 사람들은 오뚜기라는 브랜드의 가치와 철학에 공감하며 지갑을 연 겁니다.

자기표현의 시대, 브랜드 도구가 되다

요즘처럼 자기표현의 욕구가 강한 시대는 없었습니다. 사람들은 자신이 어떤 사람인지 드러내는 데 주저함이 없습니다. 과거에는 이러한 행동이 소위 잘나가는 사람들의 자기 자랑으로 여겨지기도 했지만, 이제는 자신의 존재를 자연스럽게 보여 주는 것이 일상이 되었습니다. 개성은 세상을 살아가는 중요한 무기가 되었고, 개성이 없는 무색무취한 존재는 마치 생명력이 없는 것처럼 느껴지기도 합니다. 사람들은 언제 어디서나 자신을 표현하려 하며, 좁은 무인 사진관에서도 남들과 어떻게든 다르게 자신을 드러내기 위해 애씁니다. 이러한 자기표현의 중요한 도구로 브랜드가 적극적으로 활용되고 있습니다.

자동차를 구매할 때 가장 중요하게 고려하는 요소는 무엇일까요? 가격, 디자인 등 여러 가지가 있겠지만, 그중에서도 자동차의 기능적 가치와 직접적으로 맞닿아 있는 승차감이 중요할 겁니다. 그런데 최근에는 승차감보다 '하차감'이 더 중요하다고 말하는 사람들이 적지 않습니다. 하차감은 차량에서 내릴 때 주변 사람들의 시선이 집중되는 데서 오는 만족감을 의미합니다. 주로 고가의 수입차를 타며 이러한 경험을 할 수 있습니다.

특히 자신의 성공과 개성을 강하게 드러내려는 MZ세대에게 중요한 자동차 구매 요소로 하차감이 부상하고 있습니다. 코로나19 이후 수입차 열풍의 핵심 요인이란 분석도 있습니다. 단순히 자동차를 타고 내리는 것이 아니라, 자신의 자동차 브랜드로 자신을 표현하는 것입니다. 자동차는 이제 정체성을 드러내는 중요한 표현 도구라는 점을 알 수 있습니다.

브랜드가 사회적 성공이나 우월감을 나타내는 도구로만 활용되는 것은 아닙니다. 업사이클 제품으로 알려진 가방 브랜드 프라이탁의 상품들은 저렴하지 않습니다. 백팩의 경우 50만 원 정도이니, 업사이클 제품치고는 고가입니다. 가격만 보면 프라이탁 제품 구매는 이성적인 결정이라고 하기 어려울지도 모르죠. 하지만 프라이탁 가방을 메고 다니면서 소비자는 환경을 생각하는 가치 소비자라는 정체성을 드러내며 큰 만족을 느낍니다. 프라이탁 제품을 착용한 모습이 인스타그램에 많이 해시태그 되어 올라오는 이유도 이와 무관하지 않습니다. 2024년 8월 기준으로 11.5만 개의 해시태그가 걸려 있는데, 대부분 광고가 아닌 소비자들이 직접 올린 것입니다.

사람들이 이처럼 브랜드를 자기표현의 도구로 활용하는 이유를 이해하려면 소비의 본질을 이해해야 합니다. 소비란 제품, 서비스를 구매하는 것일까요? 표면적으로 보면 맞지만 저는 조금 다르게 해석합니다. '소비'란 소비자가 자신의 욕구를 발견하고 이를 표현하기 위한 과정입니다. 그래서 어떤 제품, 서비스를 구매한다는 것은 자기를 표현하는 과정입니다. 소비는 단순히 제품과 서비스의 구매로 끝나지 않습니다. 소비자들은 구매한 제품을 통해 비치는 자기 모습을 스스로 관찰하여, 주관적인 가치를 세우며 만족합니다. 자아실현을 하는 겁니다. 또한 본인이 소비한 것들을 타인에게 적극적으로 보여 주기도 하는데, 이때 소비는 자아실현을 넘어 자기표현 및 과시 등의 욕구가 발동된 겁니다.

이러한 점을 생각하면 소비를 단순히 구매하는 행위만으로 간주하기 어렵습니다. 그래서 브랜드는 제품을 파는 것이 최종 목적이 되면 안 됩니다. '판매'에만 집중하는 행위에서 조금 벗어날 필요가 있습니다. 우리 브랜드를 사용하는 사람들에게 어떠한 자기표현을 이루게 해 줄 것인지를 고민해야 합니다. 소비자의 생각과 가치관을 나타내 주고, 정의 내려 주는 것. 이게 바로 브랜딩에서 필요한 소비의 본질입니다.

'의미'를 사는 사람들

브랜딩을 한다는 것은 내가 판매하는 제품에 의미를 찾아 부여하는 과정입니다. 이때 '의미'는 브랜드의 차별점과 연결되는 매우 중요한 개념입니다. 그렇다면 제품의 의미란 과연 무엇일까요? 이는 브랜딩에서 '업의 본질'이라는 개념과도 일치합니다. 우리가 진정으로 소비자들에게 제공하는 것이 무엇인지, 소비자들이 우리 제품을 사용하면서 실현하는 의미가 무엇인지에 대한 부분입니다.

로베르토 베르간티 교수는 이제 사람들은 단순히 '물건'을 구매하는 것이 아니라, '의미'를 구매한다고 강조합니다. 그는 사람들이 실용성, 목적성뿐만 아니라 감정적, 심리적, 사회문화적인 이유로 물건을 구매한다고 설명했습니다.[19] 베르간티 교수는 양초를 예로 듭니다. 어둠을 밝히는 초의 기능적 역할은 전구의 발명으로 끝난 듯 보였지만, 실제로 양초의 매출은 여러 선진국에서 계속해서 증가하고 있습니다. 이는 사람들이 양초에서 어둠을 밝히는 것 이상의 '의미'를 발견했기 때문입니다. 양초는 이제 프러포즈나 생일 파티 등 특별한 순간을 더욱 잊지 못할 기억으로 만드는 도구로 사용됩니다.

스위스의 시계 브랜드 스와치의 성공 역시 '의미'에서 비롯되었습니다. 1980년대, 세이코나 카시오 같은 기업들은 손목시계 산업의 선두 주자였습니다. 이들은 손목시계를 시간 확인이라는 기능적 도구로만 인식하고, 새로운 기술과 기능 개발에 집중했습니다. 그러나 손목시계는 시간이 흐르면서 패션 액세서리로 재해석되었습니다. 이제 사람들은 손목시계를 새로운 옷이나 신발처럼 패션을 완성하는 또 다른 액세서리로 여기며, 다양한 시계를 찾습니다. 스포츠 시계, 패션 시계, 예물 시계 등 더 세분화된 시장이 형성되

---

19   호소다 다카히로, 『컨셉 수업』, 지소연·권희주 옮김, 알에이치코리아, 2024,
      9페이지.

1장 / 당신만의 색, 브랜드는 무엇일까요?

73

면서, 스와치는 1986년에 시계의 새로운 의미를 제시했고, 소비자들은 이에 열광했습니다. 반면 기술과 기능에만 몰두했던 세이코와 카시오는 스와치가 전달한 혁신적 의미 앞에서 빛을 잃고 말았습니다.

빅데이터 전문가 송길영 씨는 한 TV 프로그램에서 AI가 노동의 가치를 경감시킬 것이라는 예측과 함께, 자영업자가 살아남으려면 단순한 행위가 아닌 '의미'를 팔아야 한다고 말했습니다. 앞으로 많은 제품들은 기능적 가치와 정서적 가치를 아우르는 의미를 어떻게 발견하고, 그것을 소비자에게 어떻게 효과적으로 전달하느냐가 중요한 경쟁력이 될 것입니다.

브랜딩 과정은 제품이 소비자에게 어떤 의미를 전달할 수 있는지를 고민하는 여정입니다. 진정한 차별화는 기능이 아닌, 소비자에게 전달하는 '의미'에서 비롯됩니다.

사람들은 아는 것에만 반응한다

2007년 1월, 세계적인 바이올리니스트 조슈아 벨은 미국의 워싱턴 지하철역에서 후줄근한 차림에 야구 모자를 눌러쓰고 연주를 시작했습니다. 그는 당시 우리 돈으로 약 39억 원에 달하는 고가의 바이올린을 40분간 연주했습니다. 하지만 출근길의 시민들은 그를 알아보지 못했고, 연주에도 거의 관심을 보이지 않았습니다. 천여 명의 사람 중 7명만 걸음을 멈추고 연주를 잠깐 들었습니다. 그를 거리의 연주자로 생각해 돈을 준 사람들도 있었습니다. 조슈아 벨은 1분당 1천 달러(약 105만 원)의 연주비를 받을 정도로 유명한 바이올리니스트입니다. 그러나 그날 그가 번 돈은 고작 32달러(약 3만 5천 원)였습니다.

이 사건은 '조슈아 벨의 워싱턴 굴욕'으로 불립니다. 벨은 그날의 지하철 연주 이야기를 꺼린다고 인터뷰에서 밝히기도 했습니다. 이때의 연주는 미국 일간지 『워싱턴포스트』와 벨이 함께 진행한 '지하철 실험'이라는 사회적 실험이었습니다. 이 실험은 보이는 것이 전부가 아니라는 사실을 입증하며 사람들에게 많은 시사점을 줬습니다.

우리나라에서도 비슷한 실험이 있었습니다. 2014년 EBS가 제작한 다큐멘터리 '인간의 두 얼굴'[20]이라는 프로그램에서 인간의 심리와 행동의 비밀을 파헤치기 위한 실험을 진행했습니다. 제작

---

20   EBS 다큐프라임, 인간의 두 얼굴 시즌2, 제2부 아름다운 세상, 유튜브 영상.

진은 서울의 고속버스터미널에서 특별한 연주회를 열었습니다. 국내 콩쿠르에서 우승한 경력이 있는 두 명의 바이올리니스트가 연주에 참여했습니다. 하지만 사람들은 바쁜 걸음을 재촉할 뿐, 별다른 관심을 보이지 않았습니다. 30분 동안 이어진 연주에 귀 기울이는 사람은 아무도 없었습니다. 1시간 후, 제작진은 한 가지 조건을 바꿔 다시 연주회를 열었습니다. 이번에는 해외 유학을 마친 천재 바이올리니스트 '조듀오'라고 소개하는 엑스배너를 설치했습니다. 사람들은 배너를 보고 조듀오의 이력에 관심을 보였습니다. 똑같은 사람과 음악, 악기였지만, 이번엔 사람들의 반응이 전혀 달랐습니다. 조듀오의 연주를 듣기 위해 사람들이 몰려들었고, 카메라로 촬영하는 사람들도 있었습니다. 몰려든 시민들의 박수 속에 연주는 성황리에 마무리되었습니다. 제작진이 감상 소감을 물었을 때, 시민들은 하나같이 연주가 훌륭했다고 답했습니다. 심지어 조듀오를 책에서 본 적이 있는 것 같다고 말한 시민도 있었습니다. 두 실험을 통해 우리는 브랜딩에서 시사점을 얻을 수 있습니다.

첫째, 사람들은 브랜드가 표방하는 모습만을 보고 판단하는 경향이 있다는 것입니다. 조슈아 벨이 지하철에서 아무런 소개 없이 연주를 했을 때, 사람들은 그의 음악적 가치를 알아보지 못했습니다. 만약 그가 번듯하게 차려입고 자신의 이력을 알렸다면 사람들의 반응은 완전히 달라졌을 겁니다. 이는 브랜드가 어떻게 자신을 포지셔닝하고, 어떤 이미지를 표방하느냐에 따라 소비자들의 인식이 크게 달라질 수 있음을 보여 줍니다.

둘째, 사람들은 제품을 보기 전에 이미 사전 연상을 통해 판단을 내리고, 이에 따라 행동한다는 점입니다. 브랜드가 원하든 원치 않든, SNS나 TV 등에서 특정 브랜드를 접할 때 사람들은 자연스럽게 '예쁘네', '별로인데', '감각 있네' 등의 판단을 합니다. 저는 이를 제품을 구매하기 전에 하는 1차 판단으로서 '사전 연상'이라고 부릅니다. 이 사전 연상이 긍정적으로 형성되면, 사람들은 기대감을 가지고 그 제품을 구매합니다. 『혁명의 팡파르』의 저자 니시노 아키히로는 "사람이 시간과 돈을 할애해 그 자리까지 걸음을 옮기는 동기는 언제나 '확인 작업'을 위해서다. 즉, 내용을 다 아는 것에만 반응한다."[21]라고 했습니다.

그래서 브랜딩에서 중요한 요소 중 하나가 바로 사전 연상을 어떻게 관리하느냐에 달려 있습니다. 조슈아 벨의 사례처럼, 사전 연상이 별다를 것 없이 작동한다면, 소비자들은 그 제품에 아무런 기대를 하지 않게 되고, 구매로 이어지는 행동도 하지 않을 것입니

---

21   니시노 아키히로, 『혁명의 팡파르』, 민경욱 옮김, 소미미디어, 2021, 112페이지.

다. 반면 조듀오처럼 좋은 사전 연상을 만들어 내면 사람들의 호응과 행동을 끌어낼 수 있습니다. 따라서 사전 연상을 잘 만들어 내는 것이 소비자의 행동을 이끌어 낼 수 있는 핵심입니다.

이때 무턱대고 좋은 사전 연상을 만들어 내고자 브랜드의 본모습을 왜곡해서는 안 됩니다. 사전 연상은 반드시 제품의 실체와 일치해야 합니다. 소비자들이 긍정적인 사전 연상을 가지고 제품을 구매했을 때, 그 기대감을 충족시켜 줄 수 있어야 하기 때문입니다. 만약 소비자가 가졌던 사전 연상과 제품이 일치하지 않는다면, 그 브랜드는 소비자에게 실망감만 줄 겁니다.

셋째, 이 실험들은 단순히 좋은 제품이나 서비스를 제공하는 것만으로는 충분하지 않다는 사실을 강조합니다. 제품의 기능적 우수성이나 서비스의 품질이 아무리 뛰어나도, 그것이 어떻게 브랜딩되고, 소비자에게 어떻게 전달되는지가 성공을 결정짓습니다. 브랜드가 자신이 전달하고자 하는 가치를 명확히 하고, 이를 일관되게 표현할 때, 소비자에게 강한 인상을 남기고, 시장의 반응을 이끌어 낼 수 있습니다.

2.

나의 이야기로

브랜드를 만들어 가는 법

01 기능적 가치에서 시작되는 브랜딩

브랜딩 프로세스의 첫 단계는 제품의 품질, 편리성, 가격 등으로 형성되는 기능적 가치를 만드는 것입니다. 기능적 가치는 브랜드의 기본이자, 고객이 브랜드를 선택하는 첫 번째 이유가 됩니다. 이를 제대로 설정하면 고객에게 신뢰를 주고 차별화의 출발점을 만들 수 있습니다.

기능적 가치를 다루기 전에 흔한 오해부터 바로잡고 시작할까요? 컨설팅 현장에서 저는 제품의 완성도가 떨어짐에도 불구하고 브랜딩이나 마케팅으로 이를 상쇄하려는 분들을 종종 만납니다. 이는 브랜딩의 진정한 의미를 잘못 이해한 데서 비롯된 근시안적인 접근입니다. 브랜딩은 제품과 서비스를 제대로 만드는 것에서 시작됩니다. 이것이 브랜딩의 첫 번째 단계이자, 비즈니스의 기본입니다.

대한민국을 대표하는 축구선수 손흥민을 좋아하는 분이 많을 겁니다. 그가 가진 잉글랜드 프리미어리그 득점왕, FIFA 푸스카스 상(올해의 골), 아시아축구연맹AFC 선정 올해의 선수상, 프리미어리그 이달의 선수상 등의 화려한 기록은 그의 실력을 명확히 입증합니다. 축구선수로서의 실력은 브랜드의 기능적 가치와도 같습니다. 손흥민 선수는 어릴 때부터 아버지인 손웅정 감독과 함께 기본기에 충실한 훈련을 하며 기능적 가치를 쌓아 왔습니다. 하루 6시간 이상 기초적인 훈련을 반복하며, 기본기를 쌓을 때까지는 슛 연습조차 하지 않았다는 이야기는 유명합니다. 손흥민 선수의 또 다른 강점인 자유자재로 사용하는 양발 역시 어릴 때부터 철저히 다져진 훈련의 결과입니다. 이러한 탄탄한 기본기는 손흥민 선수에게 축구선수로서의 기능적 가치를 높이는 결정적인 요소가 되었습니다.

오래가는 브랜드의 비결은 튼튼한 기본기

축구에 비유하자면, 언제 어디서나 득점할 수 있는 능력과 지치지 않는 체력은 기능적 가치에 해당합니다. 이 기본이 탄탄해야만 화려한 개인기와 쇼맨십, 즉 브랜딩과 마케팅이 진정한 가치를 발휘할 수 있습니다. 기능적 가치가 부족하다면 아무리 멋진 기술과 화려한 퍼포먼스를 선보여도 오래가지 못합니다. 사람들의 이목을 잠시 끌고 인기를 얻을 수 있을지 몰라도, 결국 실력이 뒷받침되지 않으면 쉽게 잊히고 맙니다. 어린 시절 화려한 개인기와 퍼포먼스로 주목받았지만, 시간이 지나면서 실력 경쟁에서 밀려난 선수들을 우리는 많이 봐 왔습니다. 브랜딩 역시 기능적 가치가 탄탄히 뒷받침되지 않으면, 한순간의 관심을 넘어 오랜 시간 사람들의 사랑을 받기는 어렵습니다. 브랜드의 진정한 힘은 근본적인 실력, 즉 기능적 가치에서 시작됩니다.

한 아마추어 축구팀 관계자로부터 흥미로운 이야기를 들었습니다. 그는 우리나라 선수들이 20세 이하 월드컵에서 두 번 연속 4강에 오를 만큼 뛰어난 실력을 보이지만, 성인 월드컵에서는 16강 진출조차 어려워하는 이유를 설명했습니다. 영국, 프랑스와 같은 축구 선진국에서는 20세 이전까지 철저히 기본기를 다지는 데 집중하는 반면, 우리나라에서는 어린 시절부터 화려한 개인기와 슛 연습을 중시하는 경향이 강하다고 합니다. 이는 당장의 성적과 승부에 집착하는 축구 교육이 원인으로 보입니다. 그래서 우리나라 선수들은 유소년 시절에는 뛰어난 기술로 두각을 나타내며 세계

무대에서 좋은 성적을 거둔다고 합니다. 하지만 성인이 된 후에는 탄탄한 기본기와 기술을 겸비한 축구 선진국 선수들과의 경쟁에서 밀릴 수밖에 없는 것입니다. 기본기가 부족한 상태에서의 화려한 기술은 오래가지 못하고, 성인 대표팀 간의 실력 차이로 이어집니다.

오래가는 브랜드가 되기 위해서는 브랜딩의 첫 번째 단계인 기능적 가치를 온전히 세우는 것이 필수적입니다. 축구선수가 축구를 잘해야 하는 것처럼, 모든 브랜드는 자신이 속한 영역에서 우수한 실력과 높은 품질을 유지해야 합니다. 식당은 음식이 맛있어야 하고, 자동차는 안전해야 하며, 강사는 강의를 잘해야 합니다. 이러한 비즈니스의 기본을 갖추는 것이 바로 브랜딩의 시작입니다.

요즘 인스타그램과 같은 SNS의 이미지에 많은 사람들이 집중하고 있습니다. 하지만 이런 시대일수록 보여 주기 전에 본질에 집중해야 합니다. 겉으로 보이는 화려함을 내세우기보다는 제품과 서비스의 진정한 가치를 먼저 세워야 합니다. 제대로 된 기능적 가치를 갖춘 후에야 그 가치를 보여 줄 의미가 생기기 때문입니다. 결국 진정으로 오래가는 브랜드는 외관이 아닌 내실에서 시작된다는 것을 잊지 말아야 합니다.

브랜딩할 준비가 되어 있는가?

일을 시작한 지 10년이 되니, 이제는 선택할 수 있는 업무의 폭이 예전보다 훨씬 넓어졌습니다. 다양한 선택지가 생긴 만큼 일을 고를 때 깊이 고민하고 신중하게 따져 보고 싶지만, 고객들의 시간은 언제나 부족합니다. 특히 브랜딩 작업이나 컨설팅을 할 때면 빠르고 정확한 결정을 내려야 하는 압박을 받는 경우가 많습니다. 이런 상황에서 저만의 기준을 세워 두었는데, 그중 하나가 고객이 본인의 제품과 서비스에 얼마나 확신을 갖고 있는가를 평가하는 것입니다.

이 확신의 정도를 통해 브랜드의 기능적 가치를 확인할 수 있습니다. 브랜딩 작업을 의뢰한 고객이 자신의 제품에 자신이 있다면 이를 검증하기 위해 그들의 식당을 방문해 직접 음식을 맛보거나, 제품을 직접 사용하는 과정을 거칩니다. 필요하다면 지인들과 함께 방문해 다양한 관점에서 품질을 평가하기도 합니다. 이렇게 신중하게 제품을 검증하는 이유는, 제품이 불완전하다면 브랜딩의 출발조차 할 수 없기 때문입니다. 아무리 뛰어난 전략과 매력적인 이미지와 메시지를 입혀도, 근본적인 문제에 발목이 잡힐 수밖에 없습니다.

요즘 지역마다 '○리단길'이라는 거리가 하나씩 생기고 있습니다. 전주에도 '객리단길'이 있습니다. 세련되고 힙한 인테리어 덕분에 특히 20대에게 인기가 많은 이곳은, 단순히 음식을 즐기기보다는 그곳 특유의 분위기를 만끽하려는 방문객이 많습니다. 전주를 찾는 연간 천만 명 이상의 관광객이 다녀가는 대표 관광지인 한옥마을의 해시태그 수가 2024년 8월 기준 약 150만 개에 달합니다. 한옥마을보다 규모가 작고 주로 전주 시민들이 찾는 객리단길의 해시태그 수가 약 100만 개에 달한다는 사실은, 많은 사람이 이곳에서 사진 찍는 것을 필수 코스로 여긴다는 것을 보여 줍니다. 실제로 해시태그를 따라 들어가 보면 음식 사진뿐만 아니라, 식당의 독특한 분위기나 공간을 담은 사진이 다수입니다. 이러한 현상은 분위기와 공간을 경험하려는 소비자의 높은 관심을 반영하고 있습니다.

어느 날, 객리단길에서 지인과 술 약속이 잡혔습니다. 지인이 평소 인스타그램에서 자주 봤던 곳이라며 데려간 식당은 세련된 인테리어와 따뜻한 분위기가 인상적이었습니다. 술을 즐기지 않는 저였지만, 따뜻한 조명 아래에서 이야기를 나누다 보니 술이 자연스럽게 넘어갈 것 같은 기분이었습니다. 식당에 들어서는 순간부터 공간의 분위기가 주는 부드러운 느낌 덕분에 긍정적인 사전 연상이 생겼고, 기대감을 갖고 음식을 주문했습니다. 음식이 담긴 식기도 정갈하여 보는 것만으로도 기분이 좋았습니다. 사람들이 이곳에서 사진을 찍어 인스타그램에 올리는 이유를 알 것 같았습니다.

하지만 막상 음식을 먹어 보니 기대와는 달리 실망스러웠습니다. 그곳만의 손맛이나 정성이 전혀 느껴지지 않는, 그저 즉석 음식을 먹는 듯한 기분이었습니다. 특히 사이드 메뉴로 시킨 만두는 누가 봐도 냉동 만두처럼 보였고, 심지어 속이 차가워 제대로 조리되지 않은 상태였습니다. 식당의 분위기와 인테리어가 만들어 준 긍정적인 인상은 한순간에 무너졌습니다. 화려한 인테리어와 소품보다는 식당의 기본인 음식에 더 신경을 써야 한다는 생각이 들었습니다.

식사를 마치고 지인과 고급스러워 보이는 카페에 들어갔지만, 실망은 거기서도 이어졌습니다. 세련된 분위기와 달리 커피 맛은 흔한 저가 프랜차이즈와 다를 바 없었습니다. 그날 객리단길의 경험은 저에게 불쾌한 기억으로 남았고, 이후 다시는 그곳을 찾고 싶지 않았습니다. 함께했던 지인도 저와 같은 부정적인 경험을 했다며, 맛있는 것을 먹으려면 객리단길은 피해야 한다고 말했습니다.

브랜드의 기본인 기능적 가치가 얼마나 중요한지 다시 한번 깨달은 경험이었습니다. 아무리 겉모습이 화려해도, 기본이 뒷받침되지 않으면 고객은 결국 실망할 수밖에 없음을 절실히 느꼈습니다.

최근 몇 년간 객리단길의 가게들이 폐업과 오픈을 반복하고 있다고 합니다. 경험을 돌이켜 보면, 이러한 변화의 원인은 식당들이 화려하고 세련된 인테리어로 사람들의 관심을 끄는 데는 성공했지만, 정작 가장 중요한 기능적 가치인 맛에서 소비자들의 기대를 충족하지 못했기 때문이라고 생각합니다. 기본이 제대로 뒷받침되지 않으면, 아무리 눈길을 끄는 요소가 많아도 지속적인 성공을 거두기 어렵다는 사실을 실감합니다.

태도도 브랜드의 일부

인스타그램으로 한 청년의 메시지가 도착했습니다. 그는 음식점 창업을 준비 중인데, 제 콘텐츠를 보며 많은 영감과 도움을 받았다며 감사 인사를 전했습니다. 직접 만나 자문을 하고 싶다는 그의 요청에, 저는 기꺼이 시간을 내기로 했습니다. 며칠 후, 그는 전주까지 저를 찾아왔습니다. 카페에서 이야기를 나누어 보니, 그는 스파게티를 판매하는 양식당을 창업하려는 예비 사장님이었습니다.

1시간 정도 이야기를 차분히 들었습니다. 그는 가끔 마음이 앞서 횡설수설하기도 했지만, 자신이 준비 중인 식당에 대한 열정과 애정을 확실히 보여 줬습니다. 또한 그는 정규 과정에서 음식을 배운 것은 아니었지만, 다년간의 주방 아르바이트로 쌓은 풍부한 현장 경험을 갖고 있었습니다. 특히 전에 일했던 가게의 사장님이 그의 성실함을 인정해 레시피를 전수해 준 덕분에 메뉴의 완성도도 상당히 높아 보였습니다. 메뉴 구성과 성실함, 열정을 보았을 때 브랜딩과 마케팅에 조금만 신경 쓴다면 음식점은 충분히 성공할 가능성이 있다고 생각했습니다. 그러다 이야기가 길어질 것 같아 잠시 쉬었다 브랜딩 전략을 논의하기로 했습니다.

머리를 식힐 겸 바람을 쐬러 카페 밖으로 나갔는데, 곧 그도 따라 나오더니 담배를 피우기 시작했습니다. 그 순간, 저는 잠시 흠칫했습니다. 음식점을 운영하려는 사람이 담배를 피운다는 것이 위생과 브랜드 이미지 측면에서 부정적인 영향을 줄 수 있다는 생각에 염려스러웠습니다. 종종 음식점 앞에서 앞치마를 두른 채 담배를 피우는 직원들을 보면 저는 다시는 그곳을 방문하지 않습니다. 청결의 측면에서 그 식당에 신뢰도가 급격히 떨어지기 때문입니다. 열정 넘치는 이 청년도 비슷한 실수를 할 가능성이 있다고 생각했습니다. 그래서 그에게 조심스럽게 말했습니다.

"꼰대 같은 말이 될지 모르겠지만, 서로 바쁜 시간 내서 어렵게 만난 만큼 이 자리가 의미 있기를 바라는 진심을 담아 말씀드립니다. 요리를 하는 분이니, 담배는 끊으셔야 할 것 같습니다. 담배를 끊지 않으면, 아무리 훌륭한 브랜딩 전략이 뒷받침되어도 식당으로서의 브랜드 본질과 이미지가 훼손될 수 있습니다. 음식에 대한 고객의 신뢰와도 직접적으로 관련될 수 있습니다. 만약 끊기 힘드시다면, 적어도 가게에서 근무하는 시간만큼은 담배를 피우지 않으셨으면 좋겠습니다."

그의 표정을 살피니 다소 당황한 듯 보였지만 다행히 이내 저의 진심을 아는 듯했습니다.

내가 하는 모든 행동은 제품에 직접적인 영향을 미칠 수 있습니다. 제품에 대한 태도뿐만 아니라, 삶의 습관과 패턴도 기능적 가치를 형성하는 중요한 요소로 작용합니다. 내가 어떤 삶을 살고, 어떤 태도로 일을 대하는지가 곧 내 제품과 서비스의 질을 결정짓습니다. 작은 디테일 하나하나가 제품의 완성도와 연결되고, 고객은 이 과정에서 나의 진정성과 신뢰를 느낍니다. 따라서 일상에서의 습관과 행동은 브랜드의 일관성과 신뢰를 구축하는 기초가 됩니다. 기능적 가치는 나 자신이 브랜드의 중요한 일부임을 인식하고 이에 걸맞은 태도와 삶을 갖추는 것에서 시작합니다.

기능적 가치는 여러분이 가장 확신을 가져야 할 브랜드의 핵심 자산입니다. 아무리 뛰어난 브랜딩 전문가가 도와주더라도, 제품이나 서비스의 품질이 뒷받침되지 않으면 성공을 장담할 수 없습니다. '이 정도면 됐다'라는 생각이 아닌, '이것이 최고다'라는 확신으로 제품과 서비스에 대한 자긍심을 내면에서 느껴야 합니다. 그래야만 비로소 고객들도 여러분이 추구하는 기능적 가치를 느낄 수 있습니다. 기능적 가치는 브랜드의 근본이며, 이 부분이 탄탄히 구축되어야 비로소 브랜딩의 시작이 가능해집니다.

브랜딩의
완전함을 위한
정서적 가치

기능적 가치가 먼저 형성되어야 한다고 말하면, 적지 않은 분들이 브랜딩을 제품의 싸움이라 생각합니다. 그리고 최고의 제품을 만드는 것이 결국 승리하는 것이라고 믿습니다. 이에 대해 알 리스·잭 트라우트는 "마케팅 관련자들은 '제품'이 마케팅의 열쇠이며 제품의 장점 여부에 따라 성패가 결정된다는 전제를 마케팅의 철칙이라 오인하고 있다."라고 했습니다. 그러면서 "이 세상에 최고의 제품은 없다. 마케팅 세상에는 소비자나 소비자의 기억 속에 자리 잡는 '인식'만이 존재할 뿐"[1]이라고 말합니다. 마케팅은 제품의 싸움이 아니라 인식의 싸움이라는 의미입니다. 브랜딩 작업에서도

---

1   알 리스·잭 트라우트, 『마케팅 불변의 법칙』, 이수정 옮김, 비즈니스맵, 2024, 52페이지.

적용할 수 있는 메시지입니다.

아무리 식당의 음식이 맛있고, 제품이 저렴하면서 튼튼해 기능적 가치가 뛰어나더라도, 그것만으로는 브랜드가 될 수 없습니다. 기능적 가치를 바탕으로 소비자와 감정적으로 연결되지 못한다면, 브랜드로서 진정한 출발점에 설 수 없습니다. 브랜드가 완전한 가치를 발휘하려면, 소비자에게 깊은 감정적 유대와 의미를 전달할 수 있는 정서적 가치가 필요합니다.

펩시 vs. 코카콜라 실험

펩시는 코카콜라와 함께 콜라 업계의 양대 산맥으로 자리 잡았지만, 항상 코카콜라의 뒤를 따라가는 만년 2위 브랜드입니다. 코카콜라는 1886년에, 펩시는 1893년에 출시된 만큼 두 회사의 역사는 비슷하지만, 시장에서의 지위는 상당히 달랐습니다. 코카콜라를 이기고자 절치부심하던 펩시는 1975년에 '펩시 챌린지'라는 마케팅 캠페인을 진행했습니다. 당시 코카콜라는 시장에서 압도적인 우위를 차지하고 있었기 때문에, 펩시는 소비자들이 브랜드에 선입견 없이 두 음료를 객관적으로 비교할 수 있도록 블라인드 테스트를 기획했습니다. 펩시의 목표는 간단했습니다. 사람들에게 '펩시가 코카콜라보다 더 맛있다!'라는 확신을 심어 콜라 시장에서의 점유율을 높이는 것이었습니다. 펩시는 맛이라는 기능적 가치에서 코카콜라보다 뛰어나다는 것을 객관적으로 증명하고, 이를 소비자들에게 알리고 싶었습니다.

펩시는 이 실험 과정을 광고로 제작해 대중에게 선보였습니다. 실험의 결과는 어땠을까요? 블라인드 테스트의 최종 승자는 펩시였습니다. 실험에 참여한 대부분의 사람이 코카콜라보다 펩시가 더 맛있다고 판단한 겁니다. 심지어 한 실험자는 코카콜라 마니아로서 맛의 차이를 분명히 맞힐 수 있다고 자신했지만, 결과는 그와 반대로 나왔습니다. 이 광고로 펩시는 코카콜라가 더 많이 팔리는 이유가 맛이 아니라 단지 습관 때문이라는 메시지를 소비자에게 전달했습니다. 그 결과, 펩시는 만년 2위 브랜드라는 이미지를 벗어날 수 있었고, 브랜드 인지도 향상에 성공했습니다. 그러나 캠페인의 성공에도 불구하고, 시장의 반응은 기대만큼 뜨겁지 않았습니다. 펩시의 시장 점유율은 상승했지만, 여전히 코카콜라가 더 높은 점유율을 유지했습니다. 사람들은 펩시가 더 맛있다고 인식했지만, 코카콜라를 선호하는 경향은 쉽게 바뀌지 않았습니다. 이 현상은 '펩시 역설Pepsi Paradox'이라는 용어를 탄생시켰습니다. 펩시는 기능적 가치인 맛에서 우위를 증명했지만, 시장의 반응은 왜 여전히 미지근했을까요?

이를 설명하기 위해 미국의 신경과학자 리드 몬태규는 두 콜라에 대한 소비자의 뇌 반응을 조사했습니다. 실험에서 피험자들에게 두 음료의 상표를 가리고 맛을 평가하도록 했을 때, 만족감과 관련된 뇌의 반응은 거의 비슷했습니다. 그러나 두 음료의 상표를 보여 주고 다시 평가하도록 하자, 피험자들의 75%가 코카콜라의 맛이 더 좋다는 반응을 보였습니다. 이때 평가와 관련된 뇌 영역이 펩시에 비해 코카콜라에 훨씬 더 활발하게 반응했습니다.

이 연구 결과는 소비자들이 구매 결정을 할 때, 단순한 맛이나 기능적 가치보다는 브랜드에 대한 정서적 반응이 더 큰 영향을 미친다는 사실을 드러냅니다. 특정 상품에 감정적 애착이 형성되면, 더 나은 경쟁 상품이 등장하더라도 그것이 눈에 들어오지 않는다는 것입니다. 이는 소비자와 브랜드 간의 깊은 감정적 연결이 시장에서의 성공을 결정짓는 핵심적 역할을 한다는 점을 시사합니다. 펩시는 기능적 가치에서 코카콜라를 능가했음을 증명했지만, 코카콜라가 소비자들에게 더욱 강력한 감정적 연결을 형성하고 있었던 것입니다.

코카콜라에는 오랜 시간 동안 소비자들과 쌓아 온 정서적 연결, 즉 브랜드에 대한 애착과 충성심이 크게 작용했습니다. 코카콜라는 소비자들에게 단순한 음료가 아닌, 그들의 라이프스타일과 정체성의 일부로 자리 잡고 있던 것입니다. 펩시는 맛에서 승리했음에도 불구하고, 코카콜라에 대한 애착과 선호를 바꾸는 데는 한계가 있었습니다. 브랜드가 기능적 가치만으로는 시장에서의 성공을 담보할 수 없다는 점을 보여 주는 사례입니다.

뉴 코크를 아시나요?

펩시 챌린지에 자극받은 코카콜라는 맛에서 경쟁 우위를 점하기 위해 '뉴 코크New Coke'를 출시했습니다. 기존 제품의 맛을 개선하고 소비자들에게 신선한 인상을 주기 위해 새로운 레시피를 개발하기로 한 것입니다. 코카콜라는 이렇게 만든 뉴 코크를 약 20만 명의 소비자에게 블라인드 테스트로 평가받았습니다. 그 결과 60% 이상의 소비자가 기존 코카콜라보다 맛이 뛰어나다고 응답했습니다. 이러한 결과에 고무된 코카콜라는 1985년 뉴 코크를 미국 시장에 출시하며, 기존 코카콜라를 과감히 철수시키는 결정을 내렸습니다. 그러나 이 결정은 코카콜라 역사상 가장 논란이 많은 사건 중 하나로 기록되었으며, 코카콜라의 흑역사로 기억되고 있습니다.

코카콜라는 새로운 미래를 제시하듯 대대적인 광고를 통해 뉴 코크를 전국에 알렸고, 출시 초기에는 많은 소비자들이 뉴 코크를 소비해 높은 시장 점유율을 기록했습니다. 그러나 성공은 오래 가지 못했고, 곧 소비자들의 강한 반발에 직면했습니다. 기존 코카콜라를 사랑하던 소비자들은 뉴 코크의 맛에 만족하지 못하거나, 오랫동안 익숙했던 전통적인 코카콜라의 맛을 그리워하며 강력히 항의했습니다. 코카콜라 본사에는 기존 제품의 복귀를 요청하는 소비자들의 항의 전화와 편지가 쇄도했고, 심지어 'Old Coke Drinkers of America'라는 단체가 설립되어 반대 시위를 벌이며, 기존 코카콜라 철수를 고소했습니다.

이처럼 소비자들의 강한 반발에 직면한 코카콜라는 뉴 코크 개발과 마케팅에 투자한 막대한 비용을 포기하고, 기존의 제품을 '코카콜라 클래식Coca-Cola Classic'이라는 이름으로 다시 시장에 내놓았습니다. 뉴 코크 출시 79일 만의 일입니다.

뉴 코크 사건 역시 브랜드의 정서적 가치를 이해하는 것이 얼마나 중요한지를 보여 줍니다. 이는 코카콜라가 소비자들이 자신들의 브랜드에 얼마나 깊은 감정적 애착과 유대감이 있는지를 과

소평가한 데서 비롯되었습니다. 코카콜라에는 오랜 세월 소비자의 삶에 뿌리내린 전통과 추억, 신뢰라는 강한 정서적 가치가 있었던 겁니다. 이 사건을 통해, 정서적 가치가 브랜드 충성도와 지속적인 성공에 결정적인 역할을 한다는 점이 드러났습니다.

이러한 사실은 이미 수천 년 전 아리스토텔레스가 한 말에서도 알 수 있습니다. "마음에 호소하는 것은 머리에 호소하는 것보다 강하다. 머리에 호소하면 사람들이 고개를 끄덕이게 할 수 있지만, 마음에 호소하면 사람들을 지금 당장 움직이게 만든다."[2] 이처럼 브랜드의 정서적 가치는 소비자에게 특별한 감정을 불러일으키며, 감정적 연결을 통해 이성적 판단을 넘어서는 깊은 애착을 형성합니다. 기능적 가치는 소비자의 합리적 판단을 이끌지만, 정서적 가치는 공감과 애착, 그리고 충성심을 키우며 브랜드와 소비자 간의 깊고 지속적인 관계를 만듭니다. 특히 최근 제품 품질이 상향 평준화되면서 브랜드와 소비자 간의 감정적 연결은 더욱 중요한 요소가 되고 있습니다. 브랜드가 지향하는 가치와 비전을 정서적 차원에서 전달함으로써, 브랜드는 소비자와의 장기적인 관계를 구축하고, 진정성에 기반한 신뢰를 지속적으로 쌓아 나갈 수 있습니다.

---

2   홍성태, 『모든 비즈니스는 브랜딩이다』, 쌤앤파커스, 2012, 154~155페이지.

그렇다면 브랜드의 정서적 가치는 어떻게 만들어질까요? 사람들의 마음에 깊이 자리 잡기 위해서는 무엇이 필요할까요? 브랜드는 소비자의 삶 속에 스며드는 특별한 경험을 제공해야 합니다. 사람들은 기능을 넘어 감동, 영감, 그리고 진정성을 느낄 때 브랜드와 진정으로 연결됩니다.

03 정서적 가치를 위해 제품의 의미를 발견하라

소설을 원작으로 한 영화 〈노인을 위한 나라는 없다〉에는 잔혹한 살인자가 등장합니다. 사이코패스적인 살인자는 동전을 던져 사람의 생사를 결정합니다. 살인자를 마주한 사람은 동전의 앞면이 나와야 자신의 목숨을 건질 수 있다는 사실을 알고 공포에 휩싸입니다. 운 좋게도 동전은 앞면이 나왔습니다. 죽음의 위기를 넘긴 사람은 서둘러 동전을 챙기고 그 자리에서 벗어나려 합니다. 살인자는 그 동전을 '행운의 동전'이라 부르며, 특별하게 보관하라고 조언하고는 자리를 떠납니다.

이 장면에서 동전은 다양한 의미로 사용되고 있습니다. 살인자에게 동전은 살인의 판단 기준이자, 자신의 잔혹한 행위에 일종의 정당성을 부여하는 도구입니다. 반면 운 좋게 살아남은 사람에게는 동전이 '행운'의 상징으로 변모합니다. 이처럼 동일한 사물이라도 상황, 환경, 그리고 그것을 어떻게 여기느냐에 따라 의미는 극적으로 달라집니다. 브랜드도 마찬가지입니다. 제품에 어떠한 의미를 부여하는지에 따라 브랜드의 본질이 달라집니다.

브랜드에서 의미는 우리가 추구하는 본질이 무엇인지와 맞닿아 있습니다. 그래서 "우리는 어떤 사업을 하고 있는가? 우리의 고객은 누구인가? 고객이 원하는 가치는 무엇인가?" 등의 근본적 질문을 해야 비로소 의미를 발견할 수 있습니다. 저는 강의를 듣는 분들에게 위의 질문을 자주 던집니다. 하지만 답변을 어려워하는 분이 많습니다. 적지 않은 분들이 제품이나 기술 관점, 즉 기능적 가치에 주목하고 근시안적인 목적을 세우기 때문입니다. 예를 들면 '우리 회사는 최고의 제품을 만든다'와 같은 접근입니다. 그러나 브랜드의 목적은 고객의 욕구에 근거해 정의되어야 합니다. 제품과 기술은 결국 구식이 되거나 따라잡히지만, 기본적인 시장의 욕구와 욕망은 영원히 지속될 수 있기 때문입니다.

그렇다면 의미를 발견하는 브랜드의 목적은 어떻게 세워야 할까요? 우리 브랜드가 고객에게 진정으로 제공하는 것이 무엇인지 명확하게 정의하면 답이 보입니다. 이를 '고객지향적' 정의 또는 '업의 본질'이라고 합니다. 브랜딩 관점으로 해석하면 고객에게 파는 제품이나 서비스가 아니라, 고객에게 진짜로 제공하는 것이 무엇인지를 파악해야 한다는 의미입니다. 공급 주체인 브랜드의 관점에서 우리의 제품이나 서비스를 설명하는 것이 아니라, 고객에게 진정으로 제공하는 것이 무언지를 탐색하고 의미를 찾아야 합니다. 파타고니아는 옷을 파는 것이 아니라 환경보호라는 인식을 팔고, 아마존은 제품이 아닌 편리함을 팔고, 디즈니는 애니메이션이 아니라 환상을 파는 것처럼 소비자들에게 제품과 서비스가 주는 의미를 찾는 것입니다.

덴마크에서 의자의 의미

2024년 UN이 발표한 '세계 행복 보고서'[3]에 따르면, '세계에서 행복한 나라' 2위 국가인 덴마크는 '행복 대국'이라는 별명까지 얻었습니다. 덴마크 사람들이 이토록 높은 삶의 만족도를 느끼는 이유는 무엇일까요? 사회복지 서비스의 탄탄함, 열린 교육 환경 등 여러 요인이 있겠지만, 오자와 료스케는 그의 저서 『덴마크 사람은

---

3   이성진, 북유럽권 행복도 상위...핀란드 7년 연속 1위...한국은?, 파이낸스뉴스, 2024년 3월 22일 자.

왜 첫 월급으로 의자를 살까』에서 행복의 비결을 의자에서 찾습니다.[4] 이 책은 인테리어와 행복의 밀접한 관계를 다루고 있지만, 그 너머로 의자가 지닌 깊은 의미도 다룹니다. 덴마크에서는 첫 월급을 받은 사람이라면 의자를 사는 전통이 있습니다. 그들에게 의자는 어떤 특별한 의미가 있을까요?

덴마크 사람들은 자신이 머무는 공간 꾸미기에 큰 가치를 둔다고 합니다. '인생'은 '시간'으로 이루어져 있습니다. 그 '시간'을 보내는 공간이야말로 사람을 행복하게 합니다. 이러한 덴마크인의 사고방식은 돈이 생겼을 때 공간에 대한 투자로 이어집니다. 가장 많은 시간을 앉아 있는 의자에 많은 신경을 쓰는 것입니다. 그래서 성인이 되면 일찍이 부모에게서 독립해 비좁은 셋집에 살아도 의자를 들일 공간과 의자 구매에 꽤 많은 돈을 쓴다고 합니다. 덴마크 사람들에게 의자는 단순히 앉는 물건이 아닙니다. 시간과 돈을 들여 소중한 공간을 연출하며 행복을 구현하는 도구이자 상징의 의미가 됩니다.

---

4 오자와 료스케, 첫 월급으로 가구를 구입하는 덴마크인, 허프포스트코리아, 2019년 1월 29일 자.

OTT 시대에 극장의 의미

세계의 '꿈 공장'이라 불리는 할리우드는 세계 영화 시장의 상징입니다. 할리우드가 이처럼 전 세계의 영화 메카로 성장한 데는 역사적 배경과 이유가 있습니다. 1910년대, 1차 세계대전으로 유럽 영화의 자산들이 갈 곳을 잃고 미국으로 대피하면서, 할리우드는 이 자산과 유산을 흡수하며 급격히 성장했습니다. 1920년대에 들어서는 기술의 발전과 함께 미국 영화 산업이 본격적으로 성장했고, 할리우드는 세계 영화의 중심지로 자리 잡았습니다. 1927년, 최초의 상업적 사운드 필름인 '재즈 싱어'의 성공은 영화의 새로운 시대를 열었고, 사운드 영화는 급속도로 보급되었습니다.

영화 산업의 성장은 1930년대 세계를 강타한 대공황과 함께 더욱 가속화되었습니다. 하루아침에 실직한 사람들이 시간을 보내기 위해 극장으로 몰렸고, 경제적 여유가 없던 이들은 영화 속에서 잠시나마 현실을 잊고 위로를 받았습니다. 할리우드는 대공황 시기의 좌절 속에서 사람들에게 재미와 감동을 선사하며, 그들의 삶에 희망을 불어넣는 상징적인 공간으로 자리매김했습니다.

그런데 1970년대에 이르러 비디오가 등장하면서 영화 관람의 풍경이 크게 바뀌었습니다. 사람들은 더 이상 극장을 찾지 않고,

집에서 비디오로 영화를 즐기기 시작했습니다. 이에 영화사들은 관객의 발길을 다시 극장으로 돌리기 위해 필사적으로 노력했습니다. 왜 사람들이 집에서 작은 TV 화면으로 영화를 보는지, 극장으로 돌아오지 않는 이유를 깊이 고민했습니다.

당시 극장에는 대형 스크린이 하나뿐이었고, 인기 있는 영화만 몇 달씩 상영되었습니다. 관객들은 비디오처럼 다양한 영화를 선택해서 볼 수 있는 자유가 없었습니다. 이 문제를 해결하기 위해 영화사들은 발상의 전환을 시도했습니다. 스크린 크기를 줄이고, 하나의 극장을 여러 개의 상영관으로 나누어, 관객들이 다양한 영화를 선택할 수 있는 복합상영관을 도입한 겁니다. 이것이 오늘날의 멀티플렉스입니다.

하지만 사람들의 발길은 여전히 뜸했습니다. 지금은 할리우드에서 매년 600~800편의 영화가 제작되지만, 당시에는 200편도 채 제작되지 않았습니다. 스크린 수만 늘어났을 뿐, 선택의 폭은 여전히 넓지 않았던 것입니다. 영화사들은 집에서의 안락함을 극장에도 구현하기 위해, 편하고 세련된 의자로 극장을 리모델링했습니다. 과연 이번에는 사람들이 극장을 다시 찾았을까요? 결과는 여전히 같았습니다. 사람들은 극장에 가지 않았습니다. 그들이 추구하는 편안함이 시설의 안락함만을 의미하지 않았기 때문입니다.

그러자 영화사들은 극장에서 파는 팝콘이 집에서 먹는 팝콘보다 맛이 없다는 점에 주목해, 스낵 코너를 개선합니다. 이처럼 온갖 노력을 기울였지만, 여전히 관객들은 극장으로 돌아오지 않았습니다. 왜 그랬을까요? 극장 관계자들의 노력은 분명 열정적이었지만, 그들은 영화의 본질을 이해하지 못했기 때문입니다.

대공황 시절, 극장은 실직자들에게 위로와 위안을 주는 공간으로 중요한 역할을 했습니다. 그러나 극장은 이러한 본질적인 의미를 잊고, 극장 시설의 개선에만 몰두했습니다. 어떻게 하면 사람들에게 진정으로 재미와 감동, 즐거움을 제공할지를 고민해야 했습니다. 극장이 본연의 역할을 잊고 본질을 놓친 채 겉모습에만 집중했기 때문에, 관객들은 극장에서 멀어진 겁니다.

디즈니는 이러한 본질을 재빨리 깨달았습니다. 당시 디즈니의 수익 모델은 테마파크였지만, 입장객 수의 한계로 성장이 둔화되고 있었습니다. 이 부진을 극복하기 위해 디즈니는 신데렐라, 백설공주 같은 영화를 재개봉했습니다. 이와 함께 디즈니는 영화를 비디오로도 출시하면서 관객이 원한다면 극장이 아니라 집에서도 영화를 즐길 수 있도록 했습니다. 영화의 본질적 의미인 '감동과 재미, 즐거움'을 극장이라는 공간에 국한하지 않고, 소비자의 공간에서 편안하게 누리게 한 것입니다.

이러한 접근은 디즈니의 비즈니스를 혁신적으로 확장하는 계기가 되었습니다. 감동과 재미, 즐거움이라는 의미를 중심으로, 디즈니는 출판, TV 채널, 캐릭터 상품 등 다양한 분야로 사업을 다각화했습니다. 그 결과, 디즈니는 오늘날 세계 최고의 콘텐츠 회사로 자리매김하게 되었습니다.

우리나라를 대표하는 영화배우 최민식 씨는 한 TV 프로그램에 출연하여 'OTT 시대의 영화 산업 미래'라는 주제로 이야기를 나눴습니다. MC가 "최민식에게 극장이란?"이라는 질문을 던졌을 때, 그는 극장을 단순히 영화를 보는 곳이 아니라, 사람들과 감정을 공유하고 추억을 쌓는 공간으로 정의했습니다. 그러면서 사람들에게 감동을 줄 수 있는 좋은 작품을 만드는 것이 가장 중요하다며 이를 위한 창작 정신을 강조했습니다. 코로나19로 인해 영화관이 위축되고, OTT의 부상으로 영화 관람의 형태가 변화하는 지금, 영화의 본질과 의미를 다시금 되새겨 봐야 할 때입니다.

* 'OTT 시대에 극장의 의미'는 홍성태 작가의
『모든 비즈니스는 브랜딩이다』를 참고해 재구성했습니다.

환자에게 병원의 의미는?

이제 제 이야기를 할까 합니다. 저는 현재 전주에 있는 우주통증의학과라는 병원의 홍보를 총괄하며 브랜딩과 마케팅을 담당하고 있습니다. 처음 병원에 합류했을 때 제가 가장 집중한 것은 병원이라는 업의 본질과 의미 발견이었습니다.

초반 브랜딩 작업은 병원의 원장과 이야기를 나누면서 시작했습니다. 의료 현장의 생생한 사례는 매우 흥미로웠습니다. 대화를 나누다 보니 환자가 아플 때 찾는 병원에도 분명히 특별한 의미가 있을 것 같았습니다. 며칠간의 인터뷰를 하면서 그에게 병원의 철학, 사명, 비전 등을 듣고 이해하려 했습니다. 하지만 여전히 무언가 부족한 느낌이었고, 핵심적인 의미 찾기가 쉽지 않았습니다.

그래서 다음 단계로 병원 구성원들의 이야기를 들어야겠다고 결심했습니다. 원장에게 병원 직원들과의 인터뷰를 제안하니, 다소 놀랍다는 반응이었습니다. 그렇게까지 해야 하냐고 물었지만, 저는 병원 브랜딩의 핵심을 찾아내는 것이 매우 중요하다고 확신했습니다. 그렇게 해서 약 30명의 의사, 간호사, 물리치료사 등 병원의 모든 구성원을 1:1로 면밀하게 인터뷰하기로 했습니다.

인터뷰에서는 '지금 하는 일이 무언지', '고객은 누구이며, 왜 우리 병원에 와야 하는지'와 같은 근본적인 질문을 던졌습니다. 직장에서 이와 같은 질문을 받아 본 적이 없었는지, 어려워하는 분들도 있었습니다. 하지만 병원 환자들과 나눈 이야기와 경험을 바탕으로 진술하게 답해 주셨습니다. 약 2개월 동안 진행한 인터뷰는 구성원들이 점심시간 등을 쪼개 참여해 주신 덕분에 무사히 마칠 수 있었습니다.

인터뷰를 마친 후, 내용을 정리하면서 한 가지 뚜렷하게 드러난 사실이 있었습니다. 인터뷰에 참여한 모든 구성원이 병원의 의미를 '환자를 치료하는 곳'으로 규정한다는 점이었습니다. 물론 병원은 환자를 치료하는 곳이라는 것은 의심의 여지가 없는 사실입니다. 그러나 저는 공급자 중심의 정의를 넘어서, '업의 본질'의 관점에서 병원이 고객에게 진정으로 제공하는 것이 무엇인지 알고 싶었습니다. 그리고 그 답은 환자의 관점에 집중하니 찾을 수 있었습니다.

환자는 왜 병원을 찾을까요? 물론 지긋지긋한 통증을 치료하기 위해서입니다. 하지만 그 너머의 이야기를 들어 보니 병원을 찾는 진짜 이유를 알 수 있었습니다. 병원에서 열심히 치료받는 한 70대 할머니는 어깨 통증 때문에 병원을 찾습니다. 치료 후에 무엇을 하고 싶은지 물어보니, 갓 태어난 손자를 번쩍 안아 주고 싶다고 하십니다. 눈에 넣어도 아프지 않을 손자를 제대로 안아 주지도 못해 병원을 찾은 겁니다. 한 20대 청년은 허리 통증 때문에 병원에 왔습니다. 공무원 시험을 준비하는 그는 허리가 아파 오랜 시간 공부할 수 없어 걱정이 크다고 했습니다. 얼마 남지 않은 시험에 대한 불안감이 크지만 치료받고 열심히 공부해 이번 시험에 꼭 합격하고 싶다는 강한 의지를 보였습니다. 운동선수인 또 다른 환자는 무릎 통증을 호소하며 병원을 찾았습니다. 중요한 대회를 앞두고 연습에 매진하고 싶은데 무릎이 아파 연습에 차질이 생긴다는 겁니다. 분야는 다르지만, 공시생과 마찬가지로 곧 참가할 대회에 좋은 성적을 거둬 얼마 남지 않은 선수 생활에 유종의 미를 거두고 싶다고 했습니다.

이처럼 환자가 병원을 찾는 이유는 그들의 삶에서 중요한 순간을 이루기 위해, 혹은 소중한 사람과의 관계를 지키기 위해서임을 알았습니다. 그리고 병원이 제공하는 진정한 가치와 의미는 바로 이 지점에서 시작된다고 생각했습니다.

다수의 환자는 단순히 치료를 위해 병원을 찾는 것이 아니었습니다. 표면적으로는 통증을 완화하고 치료를 받는 것이 목적이지만, 그 이면에는 아파서 하지 못했던 일들을 마음껏 하고 싶은 간절함이 있었습니다. 그래서 저는 병원의 의미를 '소중한 일상을 회복하는 곳'이라고 정의 내렸습니다. 단순히 질병을 치료하는 곳이 아니라, 사람들이 일상에서 하고 싶은 것을 다시 할 수 있도록 돕는 곳으로의 의미를 발견한 것입니다.

'소중한 일상을 회복하는 곳'이라는 의미는 병원의 브랜드 방향을 세우는 데 이정표가 되었습니다. 이 정의는 병원 구성원들에게도 그들의 업이 지닌 진정한 의미와 가치를 깨닫게 하는 계기가 되었습니다. 이제 환자들을 단순히 아픈 사람으로만 보지 않고, 행복한 일상을 되찾고자 하는 한 사람으로 바라보게 된 것입니다.

단순한 치료의 공간을 넘어, '사람들의 일상에 진정한 변화를 가져다주는 곳'이라는 의미의 발견은 그 자체로 다른 병원과의 차별화된 경쟁력을 만들었습니다. 많은 병원들이 '우리가 제일 치료를 잘합니다!', '최신 치료 장비를 보유하고 있습니다!'와 같은 기능적 가치를 강조합니다. 이와 달리 우리는 '소중한 일상 회복'이라는 의미를 중심으로 마케팅 메시지를 수정하고 홈페이지를 전면 개편했습니다. 그 결과, 자연스럽게 다른 병원들과의 차별적 인식이 형성되었습니다.

모든 구성원이 노력한 덕분에, 병원은 지방에서는 이루기 힘든 최고 매출을 달성하는 성과를 누릴 수 있었습니다. '사람들의 일상을 회복시킨다'라는 의미를 중심으로 지역에서는 접하기 힘든 시술을 최초로 시도했고, 운동치료, 항노화, 웰니스, 영양 등 다양한 분야의 사업 확장을 준비하고 있습니다.

브랜딩 에이전시의 의미는?

우주통증의학과의 브랜딩 과정을 거친 후, 병원에도 브랜딩과 마케팅이 필수라고 확신했습니다. 원장과 논의해 병원의 내부 홍보팀을 분사화해 병원 전문 브랜딩·마케팅 에이전시인 ㈜메디베리를 설립했고, 현재는 사업 실무를 총괄하고 있습니다. 회사를 차린 이유는 두 가지였습니다.

첫째, 병원이 브랜딩과 마케팅으로 성장을 했기에, 이 경험을 다른 병원들과 나누고 싶었습니다. 갈수록 치열해지는 의료 시장에서도 진정한 의미를 찾고, 가치를 추구하는 영역에 전문화를 하고 싶었습니다. 둘째, 병원 전문 브랜딩·마케팅 회사가 부족했습니다. 정확히 말하면 브랜딩 관점을 겸비한 마케팅 회사가 없었습니다. 제가 브랜딩 작업을 하기 전, 우주통증의학과도 여러 마케팅 회사를 거쳤는데 대부분 만족스럽지 않았습니다. 병원의 가치보다는 매출 성과만 중시했기에 브랜드의 의미가 퇴색되었고, 이러한 방식은 장기적으로 도움이 되지 않았습니다. 이러한 이유로 ㈜ 메디베리를 설립했고, 현재 7명의 구성원과 다른 병원들의 성장을 돕고 있습니다.

㈜메디베리를 설립하면서 우리 일의 진정한 의미를 고민했습니다. 물론 브랜딩·마케팅 에이전시로 병원의 브랜드를 성장시키는 것이 우리의 역할이지만, 저는 그 이상의 무언가를 생각했습니다. 병원의 성장은 당연한 목표일 뿐, 진짜 중요한 건 그 과정을 통해 무엇을 이루는가였습니다. 고민 끝에 병원 브랜딩의 진정한 의미는 '의료인의 자긍심을 세워 주는 일'이라는 결론에 도달했습니다.

병원의 원장들을 보면 대부분 너무 바쁜 일상 속에서 다소 지쳐 있었습니다. 환자가 많은 것은 다행이지만, 진료 일정이 빠듯해 쉬는 시간조차 사치처럼 느껴질 정도였습니다. 실제로 진료 시간에는 화장실에 가는 것도 쉽지 않아 물도 잘 마시지 않습니다. 분주한 일상 때문에 '이 일이 나에게 맞는가?' 하고 고민하기도 합니다. 환자가 적을 때는 상황이 더욱 심각합니다. 오랜 시간 공부하고 훈련받아 쌓아 온 실력을 펼칠 기회가 없다면 자존감까지 무너집니다. 이러한 원장들의 고충을 보며, 그들이 하는 업의 가치를 더욱 강하게 세우고 자긍심을 가질 수 있도록 지원하는 일이 중요하다고 느꼈습니다.

그래서 ㈜메디베리는 환자 유치에 집중하는 즉각적인 성과보다 의료인들의 생각과 가치를 깊이 탐구하고 연구하는 탐색 과정에 많은 시간을 투자합니다. 이 과정을 통해 그들은 자신의 의료 행위를 다시 돌아보고, 진료에 담긴 진정한 의미를 재발견합니다. 그 결과, 자신의 진료가 환자들에게 특별한 가치를 전달하고 있음을 깨닫고, 병원 경영의 중심을 이루는 가치를 명확히 설정할 수 있게 됩니다.

얼마 전, 서울 강남에 반려견 오마카세가 등장했다는 뉴스를 봤습니다. 5~7만 원 사이의 7가지 코스 요리에 100만 원이 넘는 명품 브랜드 강아지 전용 옷까지 대여한다[5]고 합니다. 처음에 뉴스를 듣고 애견 카페에서 진행한 이벤트 정도로 생각했는데, 빈자리가 없을 정도로 사람이 많다고 합니다. 저도 강아지를 키우지만 조금 과하다는 생각이 들었습니다. 그런데 오마카세 셰프의 인터뷰를 들으니 고개가 끄덕여졌습니다. 대부분의 손님은 반려견 생일이나 견주의 생일, 결혼기념일 같이 특별한 날에 그곳을 찾는답니다. 단순히 고가의 서비스를 제공하는 것이었다면, 반려견 오마카

---

[5] 백승우, 빈자리 없는 '반려견 오마카세'…명품 옷 대여까지, 채널A, 2023년 7월 23일 자.

세는 그다지 매력적인 서비스가 아닐지도 모릅니다. 하지만 반려견과 견주에게 소중한 추억을 만드는 의미로 규정하니 환영받는 서비스가 된 겁니다.

또한 이는 반려견이 가족의 일원으로 자리 잡은 사회적 변화에 맞춘 새로운 의미 발견의 현상으로 볼 수 있습니다. 이를 통해 기존에 없던 비즈니스가 창출되고 또 다른 문화가 생기기도 합니다. 나의 제품과 서비스에 어떠한 의미를 부여하는지에 따라 제약은 사라지고, 가능성은 무한해질 수 있습니다.

우리의 일상도 마찬가지입니다. 매일 반복되는 일상에 어떤 의미를 부여하느냐에 따라 하루가 특별한 여행이 될 수도 있고, 지루하고 힘든 하루로 남을 수도 있습니다. 일상의 작은 순간에 의미를 찾고, 그 의미를 마음속에 새길 때, 평범한 날도 새롭게 다가옵니다. 의미를 발견하는 순간, 일상은 성장과 즐거움이 가득한 여정이 될 수 있습니다.

나치의 강제수용소에서도 삶의 의미를 잃지 않고 인간 존엄성의 승리를 보여 준 『죽음의 수용소에서』의 저자 빅터 프랭클은 말합니다. 추구해야 할 삶의 의미가 있고, 그 의미가 무엇인지 스스로 깨닫는다면 어떠한 상황에서도 생존할 수 있다고요. 이와 함께 의미 없이는 생존할 수 없다는 메시지를 전합니다.

브랜드도 마찬가지입니다. 내가 제공하는 제품의 기능적 가치를 넘어 그 이상의 의미를 발견하고 부여하는 순간 사람들에게 특별한 존재가 될 수 있습니다. 그때 비로소 고객에게 전달되는 메시지는 진정한 가치로 다가가게 됩니다. 또한 의미를 깨닫는 순간, 사업의 방향이 보이고, 고객에게 어떻게 다가가고 어떤 경험을 제공해야 할지 명확해집니다. 그러면 불확실한 상황에서도 버틸 수 있는 강력한 동력을 얻습니다. 지금의 일이 나에게 어떤 의미를 지니는지, 그리고 소비자에게는 어떤 가치를 전달하는지 깊이 고민해 보세요. 그러한 고민의 끝에서 내린 답이 브랜드의 정서적 가치를 형성하는 첫 번째 단추가 될 것입니다.

브랜딩 의미 발견의 과정

사례 1 **전주시 사회혁신센터**

앞서 저는 전주시 사회혁신센터 센터장을 맡은 이유를 설명했습니다. 이제 막 사회에 첫발을 내디딘 분이나 열심히 노력하지만 성장의 돌파구를 찾지 못하는 분에게 지속 가능성을 만들어 주고 싶었기 때문이었습니다. 그들이 하고 싶은 일을 지역에서 실현해 가는 여정에 힘을 보태고, 지역사회를 변화시키고 싶었습니다. 하지만 센터에 합류하고, 지역 조사를 하면서 깨달았습니다. 이제 막 일을 시작한 분들에게 공공기관의 사업은 너무 멀고 어렵게 느껴진다는 것을 말입니다.

지원사업을 해 보신 분들은 아시겠지만, 규모가 크든 작든 하나의 사업을 따내기 위해 제출해야 하는 서류의 양이 상당합니다. 사업계획서, 추진계획서, 예산계획서 등은 기본적인 서류이지만 초보 사장님들께 큰 부담입니다. 문제는 여기서 끝나지 않습니다. 사업에 선정되더라도 매월 제출해야 하는 결과보고서, 예산 집행 내역서, 그리고 하나하나 첨부해야 하는 구매 영수증 등 때문에 사업을 진행하는 사장은 지칠 수밖에 없습니다. 물론 소중한 세금이 들어가는 만큼 철저한 관리가 필요하다는 점은 이해합니다. 그러나 이러한 절차들은 관리와 감독을 위한 것이지, 사업을 실제로 운영하는 분들에게는 큰 도움이 되지 않았습니다.

서류를 작성하고 사업을 성공적으로 운영하는 데 필요한 조언을 구할 곳도 마땅치 않았습니다. 결국 공공의 지원사업들은 많은 사람에게 높은 문턱처럼 느껴집니다. 특히 청년들은 이러한 어려움 때문에 그 기회를 충분히 활용하지 못했습니다. 이러한 현실은 공공기관의 사업이 많은 이들에게 멀고 어려운 존재라는 것을 명확히 보여 주었고, 이를 해결하지 않고서는 지속 가능성을 논하기 어렵다는 것을 깨닫게 했습니다.

한편 다수의 사업 경험이 있는 팀이나 단체들에게는 유리한 상황이 계속해서 생겨날 수밖에 없었습니다. 공공의 영역임에도 불구하고 경험의 차이로 불평등이 발생하고 있었습니다. 공정해야 할 공공의 지원마저도 경험 있는 자들이 더 쉽게 획득하는 구조적 문제를 드러냈고, 초심자에게는 더 큰 장벽으로 작용했습니다.

이러한 현실 속에서, 도움이 필요한 사람들의 접근성을 높이고, 그들이 성장할 수 있는 실질적인 지원을 제공하는 것이 중요했습니다. 그러려면 기존의 지원사업 방식을 탈피해야 했습니다. 이러한 생각은 제 가슴을 뜨겁게 만들었고, 그때부터 센터의 의미를 '공공사업의 문턱을 낮춘다'로 설정했습니다. 경험이 부족한 분들도 센터 사업에 참여할 수 있는 다양한 방식을 시도했습니다.

가장 많은 사람이 불만을 제기한 정산 방식을 바꾸는 것이 급선무였습니다. 모든 지출 내역을 일일이 영수증 첨부로 보고해야 하는 기존의 정산 방식은 사업에 참여하는 사람들을 지치게 합니다. 그래서 정산 간소화 방법을 도입했습니다. 한 달에 한 번 활동 보고서로 정산을 대체한 겁니다. 이는 기존의 공공 지원사업에서는 상상할 수 없던 일이었습니다. 이를 위해 담당 공무원을 4개월 동안 설득했습니다. 담당자는 "문제가 생기면 어떻게 할 거냐"라며 겁을 주기도 했지만, 저는 "사비를 털어서라도 책임지겠다"라는 말로 설득했습니다. 다행히 정산 사고는 발생하지 않았습니다.

사업 경험이 부족한 청년들을 위한 '쿼터제'도 도입했습니다. 사업 심사에서는 사업 경력이 많은 팀에게 높은 점수를 주기 마련입니다. 공정한 평가 기준에 따른 결과지만, 한편으로는 이제 막 사업을 시작한 팀에게는 기회조차 주어지지 않는 불평등을 초래하기도 합니다. 이 문제를 해결하지 않고서는 지역에서 새로운 시도를 하는 청년이 등장할 수 없습니다. 이는 비즈니스 생태계 발전에도 악영향을 미칠 수 있습니다. 처음 사업을 시작하는 청년에게 일정 몫을 주는 쿼터제는 이런 의도에서 만들어졌습니다.

이 외에도 '시민 심사위원 제도 도입', '탈락 사유 피드백 제공' 등 기존 지원기관에서는 시도하지 않았던 새로운 방식을 도입해, 센터의 진입장벽을 낮추려는 노력을 했습니다. 그 결과 천 명이 넘는 청년이 사업에 관심을 갖고 신청했습니다. 지역에서 진행된 청년 관련 지원사업 중 가장 많은 청년들이 신청했다는 기록도 남겼습니다.

공공의 지원사업은 표면적으로는 누구에게나 열려 있지만, 사업 경험이 없는 분들은 참여가 쉽지 않다는 한계도 있습니다. 저는 이를 극복하고, 열린 공간을 만들고 싶었습니다. 개방된 센터에서 누구나 자신의 사업을 시도할 수 있고, 그 과정과 결과가 타인의 자산으로까지 공유되기를 바랐습니다. 이러한 의미를 부여하면서 저는 센터가 더욱 많은 사람들이 성장할 기회를 제공하는 공간이 되기를 원했습니다.

사례 2 **두권책방**

'두권책방'이라는 이름의 서점을 운영한 적이 있습니다. 매월 주제를 정해, 그에 맞는 두 권의 책만을 판매하는 전북 최초의 무인서점이었습니다. 처음 책방을 연다고 했을 때부터 주변 사람들의 반대에 직면했습니다. 책 읽는 사람이 드물기에 서점 사업은 돈이 안 될 거라는 의견을 들었습니다. 한 달에 두 권만 판매한다니 또 반대했고, 무인 서점이라니 관리가 어려울 거라며 세 번째 반대가 이어졌습니다.

하지만 반대가 심할수록 오히려 잘되리라는 확신이 생겼습니다. 반대가 많다는 것은 그만큼 이 사업을 시도하는 사람이 없다는 뜻이었고, 그렇다면 제가 새로운 시장을 개척할 기회라고 생각했기 때문입니다. 그렇게 저는 초기에 구상한 콘셉트 그대로 '두권책방'을 열었습니다. '두권책방'에서 책을 판매하는 서점 이상의 의미를 찾았기 때문입니다.

서점은 전주 국제영화제가 열리는 영화의 거리에 있었습니다. 전주 시내의 중심입니다. 거리에는 각종 브랜드 매장들과 식당, 카페 등이 즐비하고 주말이면 10~20대로 북적였습니다. 당시 저는 청년들을 대상으로 다양한 문화 프로그램을 제공하는 문화기획사를 운영하고 있었습니다. 그래서 청년들에게 필요한 게 무엇인지 고민하고 탐색하는 게 일상이었습니다.

어느 날, 여느 때처럼 영화의 거리를 걷다 문득 생각했습니다. '이곳에는 돈이 없으면 들어갈 곳이 없나?' 주변을 둘러보니 모든 곳이 상업 시설이라, 돈이 없으면 쉴 곳조차 없었습니다. 거리를 걷다 지친 사람들은 카페에 들어가지만, 커피 한 잔 값이라도 내야 했습니다. 거리에 있는 청년들은 돈이 많지 않은데, 부담 없이 갈 곳이 필요하다고 생각했습니다. '이 거리가 돈과 상관없이 모두에게 열린 공간이 되어야 하지 않을까?' 그 문제의 해결책을 고민한 끝에 서점이라는 답을 찾은 겁니다.

영화의 거리에도 서점은 있습니다. 교보문고와 알라딘 중고서점 같은 대형 서점입니다. 하지만 그곳들은 제가 생각하는 공간의 의미와는 거리가 있었습니다. 물론 서점은 돈이 없어도 누구나 들어가서 시간을 보낼 수 있는 곳입니다. 하지만 편안하게 앉아 여유롭게 시간을 보낼 수 있는 테이블이나 의자가 충분하지 않았습니다. 문화공간이라는 서점마저도 이런 현실을 보면서, 누구나 편안하게 머물 수 있는 공간의 필요성을 더욱 절실하게 느꼈습니다.

서점이라는 아이템을 찾은 후, 본격적으로 어떤 서점을 만들지 고민하며 목적과 의미를 다시 정립했습니다. 제가 꾸릴 서점의 목적은 단순히 책을 판매하는 것이 아니라, '돈이 없어도 갈 수 있는 공간'으로 정의했습니다. 그리고 그곳을 상업 시설이 아닌 하나의 '프로젝트'로 명명했습니다. 사업에서 프로젝트로 호칭을 바꾸니 예상치 못한 효과가 생겼습니다. 그토록 서점 오픈을 반대했던 사람들이 응원을 보내기 시작한 겁니다. 제가 하고 있던 문화기획의 연장선에서 자연스럽게 재미있는 일을 시도한다면서 말입니다. '프로젝트'라는 이름 덕분에 사람들이 책방의 시도를 창의적이고 의미 있는 도전으로 받아들인 겁니다.

당시 저는 서점의 의미를 깊이 고민했습니다. '나는 왜 이런 공간을 청년들에게 제공하고 싶을까.' 스스로 질문을 던지며 답을 찾다 보니, 제가 문화기획사를 운영하는 본질적인 이유인 '경쟁에 지친 청년들에게 힘이 되자'라는 결론에 도달했습니다. 가진 것이 없어도 편히 쉴 수 있는 공간이 어딘가에 있다는 것만으로도 청년들에게 위로와 힘이 될 수 있다고 믿었습니다. 그래서 청년들을 응원하는 쉼터로 공간을 조성한 겁니다.

최대한 상업적인 느낌을 줄이려고 '서점'이라는 단어 대신 '책방'을 선택했습니다. 서점에 사람이 상주하면 구매 압박을 줄까 봐무인 서점으로 운영했습니다. 두 권의 책만 파는 대신 공간을 확보해 청년들이 앉아서 쉬고 시간을 보낼 수 있도록 소파와 테이블을 최대한 배치했습니다. 두권책방은 경쟁에 지친 청년들이 편히 쉴 수 있는 진정한 의미의 쉼터가 되기를 바랐습니다.

저의 바람은 오롯이 공간에 담겼고, 다행히 '두권책방'은 청년들에게 커다란 힘과 위안을 주는 곳이 되었습니다. 책방에 담긴 진정성 덕분에 감사하게도 많은 청년에게 지지와 응원을 받으며 운영되었습니다. 그렇게 '두권책방'은 저에게도 추억이 많이 담긴, 의미 있는 프로젝트 중 하나로 마음 깊이 남아 있습니다.

04   브랜드의 정체성을 구축하는 법

브랜드의 의미를 발견했다면, 이제는 명확한 정체성을 구축해야 할 때입니다. 브랜드 아이덴티티라고도 불리는 정체성은 비전, 미션, 핵심 가치 등 다양한 요소로 구성되며, 브랜드가 스스로를 어떻게 정의하고 표현하는지를 의미합니다. 한마디로 "나의 브랜드는 어떤 브랜드인가?"라는 질문에 명확하게 답할 수 있도록 설정하는 것입니다. 이는 단순히 로고나 슬로건을 개발하는 데 그치는 것이 아니라, 브랜드를 둘러싼 모든 요소를 포괄하여 일관되고 강력한 브랜드 정체성을 구축하는 것을 의미합니다. 이러한 브랜드만의 정체성은 소비자에게 브랜드의 본질을 전달하여 차별적 인식을 형성합니다. 또한 시장에서 자신만의 위치를 차지하는 데 중요한 역할을 합니다. 브랜드 정체성은 제품이나 서비스 이상의 가치를 부여하며, 소비자와의 깊은 감정적 연결을 형성합니다.

브랜드 정체성의 두 요소

브랜드의 정체성은 크게 두 가지로 나눌 수 있습니다. 하나는 브랜드의 내면을 단단하게 만들어 흔들리지 않는 심지를 세워 주는 내적 요소이고, 다른 하나는 사람들이 직접 경험하고 소비하며 브랜드가 확장될 수 있도록 하는 외적 요소입니다. 내적 요소는 브랜드의 정서적 가치에 해당하는 것으로 비전, 미션, 핵심 가치, 약속, 차별점 등 사람들의 눈에 명확하게 보이지 않지만, 브랜드의 강력한 뿌리 역할을 합니다. 이들은 나무의 뿌리에 비유할 수 있습니다. 반면 외적 요소는 브랜드의 기능적 가치에 해당하는 것으로 제품과 서비스, 비주얼 아이덴티티, 협업 파트너십, 인재상, 커뮤니케이션 등 사람들이 직접 보고 만지며 경험할 수 있는 영역입니다. 나무의 열매와 같습니다. 브랜드의 성공은 이 두 요소가 조화를 이루어야만 가능하며, 이를 통해 브랜드는 더욱 깊이 뿌리내리고 풍성한 결실을 맺습니다.

브랜드 정체성의 구성 요소

내적 요소	외적 요소
비전 미션 핵심 가치 약속 차별점	제품 서비스 비주얼 아이덴티티 협업 파트너십 인재상 커뮤니케이션

정체성의 각 요소를 명확하게 정립하는 것은 매우 중요합니다. 브랜드 정체성이 명확하고 강력할 때, 소비자들은 브랜드가 전달하는 가치와 경험을 통해 자신을 표현하게 됩니다. 이는 브랜드 충성도를 높이고, 브랜드를 차별화하는 중요한 요소로 작용합니다. 반면 브랜드 정체성이 제대로 확립되지 않으면 소비자에게 혼란을 줄 수 있습니다. 또한 브랜드의 메시지도 명확하지 않기 때문에 시장에서의 입지도 약해질 수 있습니다.

고객의 정체성을 파악하는 타깃팅

브랜드 정체성 요소를 설명하기 전에 고객의 정체성을 찾아보겠습니다. 고객의 정체성을 먼저 파악하면, 브랜드 정체성 구축이 훨씬 수월해집니다. 이를 통해 브랜드가 정확히 누구를 위해 존재하는지, 어떤 가치를 전달하고자 하는지 명확해지며, 더욱 효과적이고 강력한 브랜드 정체성을 만들 수 있습니다.

규모가 크든 작든, 나만의 일을 브랜드로 만들고 싶다면, 무엇보다도 고객의 마음을 알고 싶어 하는 것이 자연스럽습니다. 물론 고객의 마음을 이해하려는 노력은 매우 중요하지만, 그 전에 반드시 해야 할 것이 있습니다. 바로 어떤 고객에게 다가갈지를 먼저 정의하는 것입니다.

그렇다면 고객의 정체성을 어떻게 규정할 수 있을까요? 가장 보편적으로 알려진 방법은 인구통계학적 방법입니다. 나이, 성별, 거주 형태, 직업, 소득 수준 등으로 고객을 설정하는 겁니다. 이 방법은 지금까지 가장 널리 사용되며, 여전히 유용하게 활용됩니다. 하지만 시대가 변하면서 인구통계학적 요소만으로 고객의 명확한 정체성을 파악하기에는 한계가 있습니다. 오늘날의 고객은 더 복잡하고 다면적입니다. 단순히 인구통계학적 정보로는 그들의 욕구와 필요를 완전히 이해하기 어렵습니다. 그래서 우리는 고객의 삶과 가치관을 반영하는 심리적, 사회적 요소까지 고려해야 합니다. 이를 통해 우리는 더욱 정밀하고 효과적인 타깃팅targeting을 할 수 있으며, 고객과 깊이 연결될 수 있습니다.

① 고객의 정체성 파악을 위한 개념: 니즈needs보다 원츠wants

우리는 흔히 소비자의 니즈를 파악하라고 말합니다. 소비자의 니즈란 그들이 제품이나 서비스를 통해 충족시키고자 하는 가장 기본적이고 본질적인 욕구를 의미합니다. 예를 들어 무언가를 먹어야겠다고 느낀 사람에게는 배고픔이라는 니즈가 있는 것이죠. 이러한 니즈는 특정 상품이나 서비스를 선택하고 구매하는 최초의 동기를 제공합니다. 소비자는 이 욕구를 충족시키기 위해 다양한 제품과 서비스를 탐색합니다.

그러나 단순히 니즈만으로 구매가 결정되는 것은 아닙니다. 배고픈 사람이 아무 음식이나 먹지 않는 것처럼, 배고픔이라는 니즈만으로 특정 물품을 구매하기에는 여전히 모호한 부분이 있습니다. 니즈는 구매의 시작점이지만, 무엇을 선택할지 결정하는 데는 그 이상의 요소들이 작용합니다. 여기서 소비자의 원츠와 기대, 브랜드의 이미지, 그리고 개인의 가치관 등이 중요한 역할을 합니다.

니즈는 소비자가 무엇을 원하는지 이해하는 첫걸음일 뿐, 진정한 구매 결정을 이끌기 위해서는 그 이상의 깊이 있는 통찰이 필요합니다. 이를 위해서는 소비자의 원츠를 파악하는 것이 중요합니다.

원츠란 소비자가 특정 욕구나 필요를 충족시키기 위해 선택하는 구체적인 방식이나 선호를 의미합니다. 이는 소비자의 니즈를 기반으로 하며, 개인의 경험, 문화, 사회적 환경, 취향에 따라 다양하게 나타납니다. 예를 들어 배고픔이라는 기본적인 니즈를 가진 소비자는 이 욕구를 충족시키기 위해 다양한 원츠를 가질 수 있습니다. 어떤 사람은 바쁜 시간을 아끼고자 빠르게 허기를 달랠 수 있는 햄버거를 원할 수도 있고, 어떤 사람은 건강을 위해 샐러드를 원할 수도 있습니다. 즉, 니즈는 배고픔이라는 기본적인 욕구이고, 원츠는 그 욕구를 만족시키기 위한 구체적인 선택입니다.

원츠는 니즈보다 더 개인적이고 세부적입니다. 그래서 니즈를 넘어 원츠를 이해하고 이를 충족시키는 제품이나 서비스로 어떤 고객에게 다가가는지를 설정하는 것이 중요합니다. 소비자의 원츠를 정확히 파악하여 이에 대응하면 똑같은 범주에 있는 제품이라도 차별적 이미지를 형성하여 소비자와 더욱 강력한 관계를 만들며, 시장에서 경쟁 우위를 차지할 수 있습니다. 예를 들어 제가 운영했던 두권책방은 '책에 대한 관심', '도서 구매' 니즈를 가진 고객을 위한 공간이었습니다. 하지만 그들의 원츠를 설명하면 단순히 도서 구매를 위한 것이 아니라, 전주 시내 중심에서 누군가의 눈치를 보지 않고 편하게 쉬려는 욕망이라 할 수 있습니다.

두권책방의 니즈와 원츠

니즈	원츠
도서 구매	공간, 쉼

저는 한 트레이닝 센터의 브랜딩 과정에 참여한 적이 있습니다. 당시 저는 센터의 니즈와 원츠를 작업 초기부터 명확하게 구분했습니다. 그 트레이닝 센터는 동네에 있는 피트니스 공간과는 다르게 기능성 트레이닝을 지향하는 곳이었습니다. 그래서 운동 자체가 목적이라기보다는 꾸준히 운동을 즐기며 실력을 향상하려는 사람들이 온다고 판단했습니다. 이때 트레이닝 센터로서 니즈는 운동하고 싶은 사람이었지만, 원츠는 취미 이상으로 즐기는 운동에서 성취감을 이루고 싶은 승부욕이라고 생각했습니다. 이에 맞춰서 브랜드 슬로건을 "To My Victory"라고 설정해, 고객들의 원츠인 승부욕과 경쟁의식을 더욱 부각시키는 방향으로 브랜딩하였습니다.

기능성 트레이닝 센터의 니즈와 원츠	
니즈	원츠
운동	승리, 좋은 성적

② **고객의 정체성 파악을 위한 개념: 소비자**consumer**와 고객**customer

제품의 소비자와 고객을 정확히 이해하는 것은 효과적인 타깃팅 설정에 매우 중요합니다. 소비자는 제품이나 서비스를 최종적으로 사용하는 사람을 의미합니다. 고객은 제품이나 서비스를 구매하는 사람, 즉 돈을 지불하고 그 상품을 소유하는 사람을 뜻합니다.

소비자와 고객이 같다고 생각할 수 있지만, 실제로는 다른 경우가 많습니다. 장난감의 소비자는 어린이지만, 고객은 구매하는 부모입니다. 이때 부모에게는 안전성과 교육적 가치를, 아이에게는 재미와 흥미를 강조하는 등 다른 접근이 필요합니다.

기저귀도 마찬가지입니다. 기저귀를 구매하는 사람은 부모지만, 착용하는 것은 아기입니다. 이러한 점을 파악한 미국의 월마트는 기저귀와 맥주를 함께 진열해 매출을 크게 신장한 적이 있습니다. 아내의 부탁으로 기저귀를 사러 마트에 들른 남성들이 맥주도 사는 패턴을 발견한 겁니다.

제 수업을 듣는 학생 중 전주에서 떡케이크를 판매하는 분이 있는데요, 떡케이크의 소비자와 고객도 흥미롭습니다. 그가 판매하는 케이크는 가족이 직접 농사지은 쌀로 만들어 건강에도 좋고, 그의 기술과 솜씨가 더해져 먹기 아까울 정도로 예쁩니다. 그에게 물어보니 떡케이크의 주요 고객은 30대 여성이라고 합니다. 대부분 부모님의 생일을 위해 주문합니다. 따라서 떡케이크도 소비자와 고객이 다릅니다.

떡케이크의 소비자와 고객

소비자	고객
생일을 맞은 부모	부모님의 생일을 기념하고 싶은 자녀

떡케이크를 실제로 먹는 부모가 소비자가 되는 겁니다. 부모에게는 전통적인 떡의 맛과 식감, 그리고 건강한 재료로 만들어졌다는 점이 중요한 가치입니다. 또한 떡케이크에 담긴 정성에 감동을 받을 수 있습니다.

고객은 떡케이크를 실제로 구매하는 자녀입니다. 자녀는 부모님께 건강하면서도 맛있는 특별한 케이크를 선물하고자 합니다. 고객에게 중요한 것은 떡케이크가 맛과 건강을 모두 만족시키며, 부모님께 특별한 감동을 주는 겁니다.

고객의 정체성을 파악하기 위해서는 소비자와 고객 모두 중요합니다. 핵심은 이들의 역할을 이해하고 균형 있게 접근하는 것입니다. 단순히 어느 쪽이 더 중요하다고 단정 짓기보다는, 제품이나 서비스의 특성에 따라 소비자와 고객을 적절히 균형 잡아 접근하는 것이 중요합니다.

판매하는 제품의 특성에 따라 소비자와 고객 중 어느 쪽이 더 중요한지 결정할 수 있습니다. 만약 당장 내 물건을 팔아야 하는 상황이라면, 구매를 결정하는 고객에게 더욱 집중해야 합니다. 제품을 만족스럽게 사용하게 하고, 긍정적인 경험을 쌓아 재구매와 바이럴 효과를 일으키고 싶다면, 소비자에게 집중하는 것이 좋습니다.

여러분의 제품과 서비스에서 소비자와 고객은 누구인가요? 이 두 그룹을 명확히 구분하고, 제대로 이해하는 것이 성공적인 브랜딩의 첫걸음입니다.

③ 고객의 정체성 파악을 위한 개념: 라이프스타일

'라이프스타일'은 사회학과 문화인류학에서 명확한 정의 없이 사용되던 용어였습니다. 그런데 마케팅과 소비자 행동 연구 분야에서 점차 주목받기 시작했습니다. 오늘날에는 브랜드에서 소비자의 라이프스타일을 이해하고, 맞춤 제품과 서비스를 제안하는 것이 필수적 역량이 되었습니다.

일본 최대의 서점, 츠타야의 창립자 마스다 무네아키는 "플랫폼이 넘쳐 나는 지금 같은 시대에는 특정 라이프스타일을 제안할 수 있는 능력이야말로 경쟁에서 우위를 점할 수 있는 핵심"[6]이라고 말했습니다. 이는 소비자의 삶에 깊숙이 스며들어 그들의 라이프스타일을 제안하고 이끌어 나가는 브랜드의 능력이 중요해졌음을 시사합니다.

최근 몇 년간 라이프스타일은 모든 분야에서 중요한 화두로 떠올랐으며, 그 영향력은 여전히 막강합니다. 이제는 자신만의 라이프스타일을 갖는 것이 주체적인 삶의 지표로 자리 잡았습니다. 라이프스타일은 자신의 가치관과 정체성을 표현하고, 진정한 삶의 주인이 될 수 있는 중요한 척도가 되었습니다. 각종 미디어에서는 성공적인 삶의 전형을 보여 주는 방식에서 벗어나, 산골 깊숙한 곳에서 자신만의 가치관을 추구하며 살아가는 사람들의 모습을 조명하기 시작했습니다. 이러한 모습은 많은 이들에게 호응을 얻었고, 답답한 현실을 살아가는 사람들에게는 일종의 환상과도 같은

---

6   마스다 무네아키, 『지적자본론』, 이정환 옮김, 민음사, 2015, 49페이지.

위안으로 다가갔습니다.

이러한 소비자들의 니즈에 발맞춰, 기업들은 소비자의 라이프 스타일에 자사의 제품이 강력하게 정착되기를 바라고 있습니다. 광고의 형태도 크게 변화했습니다. 과거에는 제품의 기능적 우수성을 강조하는 '자랑형' 광고가 주를 이뤘다면, 이제는 바쁜 워킹맘, 캠핑족 등 특정 라이프스타일을 살아가는 사람들의 일상에 자연스럽게 제품을 노출하는 방식으로 변화하고 있습니다. 이를 통해 기업은 소비자에게 자사의 제품이 그들의 라이프스타일에 얼마나 잘 맞는지를 자연스럽게 이해시키고 있습니다. 이러한 접근은 제품이 소비자들의 일상과 밀접하게 연결된 필수 요소로 자리매김할 수 있게 합니다.

이러한 맥락에서 생활 방식, 가치관, 관심사 등을 기반으로 세분화하는 라이프스타일 중심의 타깃팅은 필수 전략이 되었습니다. 이제는 고유한 삶의 방식을 추구하는 시대이기 때문에, 나이·성별·소득 분석만으로는 고객의 정체성을 파악하는 데 한계가 명확해졌습니다. 소비자의 전반적인 삶의 방식을 깊이 이해하고, 그에 맞는 제품이나 서비스를 제공하는 라이프스타일 중심의 타깃팅은 선택이 아닌 필수 전략이 되었습니다.

해외 유명 브랜드들은 일찍이 라이프스타일 타깃팅의 중요성을 인식하고 이를 전략적으로 활용해 왔습니다. 1997년 이화여자대학교 앞에 스타벅스가 대한민국 1호점을 열자 많은 이들이 궁금해했습니다. 강남이나 압구정처럼 젊은 사람들이 몰리는 상권이 아닌, 왜 이대 앞을 선택했는지 의문을 가졌습니다. 그런데 스타벅스의 전략을 보면 그 이유를 이해할 수 있습니다. 스타벅스는 '해외 연수 경험이 있고, 트렌드 소비에 민감하게 반응하며, 빠르게 새로운 문화를 받아들이는 20대 여성'을 주요 타깃으로 삼았습니다.

'레깅스계의 샤넬'이라 불리는 룰루레몬도 라이프스타일 타깃팅을 했습니다. 1998년 캐나다 밴쿠버에서 탄생한 룰루레몬은 요가에서 영감을 받은 프리미엄 기능성 운동복으로 유명합니다. 애슬레저 시장에서 압도적인 1위를 차지하고 있는 브랜드입니다. 룰루레몬은 타깃팅을 여성 중심으로 설정했으며, '콘도 회원권을 가지고 있고, 여행과 운동을 즐기며 패션에 민감한' 라이프스타일을 추구하는 사람들을 타깃으로 삼았습니다.

이처럼 라이프스타일 타깃팅은 브랜드가 소비자들의 일상과 가치를 깊이 이해하고, 그들의 삶에 자연스럽게 녹아들게 하는 강력한 마케팅 전략임을 보여 줍니다. 특정 라이프스타일을 추구하는 사람들에 집중하여 그들이 원하는 경험과 가치를 제공합니다. 그 결과 브랜드는 단순한 제품 이상의 의미를 지니게 됩니다. 이는 고객에게 강력한 감정적 유대감을 형성하게 하고, 브랜드 충성도를 높이며, 장기적인 성공을 이끌어 내는 중요한 요소로 작용합니다.

TIP

고객의 정체성 파악을 위한 타깃팅 과정

사례 **자신만의 삶을 추구하는 사람들의 모임, 생산적또라이파티**
문화기획사를 창업하고 초창기에 다양한 문화 프로그램을 진행
했습니다. 그중 가장 심혈을 기울였던 프로그램이 '생산적또라이
파티'였습니다. 이름이 독특하죠? 기획사를 막 시작한 저는 어떻
게든 튀어야겠다는 절박한 생존 의지를 갖고 다소 튀는 이름을
지었습니다. 이 전략이 통했던 걸까요? 덕분에 파티는 지역에서
는 좀처럼 보기 힘든 문화 행사로 주목받으며, 신문에 보도될 정
도로 소문이 퍼졌습니다. 행사의 주요 대상인 청년들이 매월 열
리는 이 프로그램에 약 40명씩 참여했습니다. 참가비 2만 원이
청년들에게는 적지 않은 금액임에도 꾸준히 지역의 청년이 모여
들었습니다. 그리고 시간이 지날수록 대구, 제주, 광주, 인천 등 전
국 각지에서 청년들이 찾아왔습니다. 파티는 지역의 청년들이 모
이는 유일무이한 프로그램으로 자리매김했고, 덕분에 저는 성장
할 수 있었습니다.

생산적또라이파티는 사적인 욕심이 담긴 프로그램이었습니다.

창업 당시, 잘 다니던 회사를 그만두고 갑자기 사업을 시작한다고 하니 주변의 반대가 심했습니다. 사업 자체가 쉽지 않은데, 무엇을 하려는지도 명확하지 않으니 다들 걱정이 많았습니다. 그때는 비전과 꿈을 이해해 주지 않는 주변에 서운하기도 했고, 외로움을 많이 느꼈습니다. 걱정과 불안의 시선들도 버거웠습니다. 그래서 저처럼 하고 싶은 일을 하며 사는 사람들과 만나고 싶었습니다. 비슷한 생각을 가진 사람들이 모여 서로를 응원하고 지지한다면, 그것만으로도 큰 위로와 힘이 될 것이라고 믿었습니다. 생산적또라이파티는 그런 갈증에서 시작된 프로그램이었고, 저에게는 단순한 행사를 넘어 삶의 동지들을 찾는 여정이었습니다.

우선 저와 같은 가치관을 추구하며 살아가는 사람들로 타깃팅을 뾰족하게 설정했습니다. 2030 청년이라는 인구통계학적 분류는 있었지만, 그 이상으로 깊이 있는 타깃을 설정했습니다. 프로그램 참가자 모집을 하면서 다음과 같은 사람들을 기다린다고 명시했습니다.

- 지금 어떤 상황이더라도, 꿈을 잃지 않고 자신만의 길을 걸어가는 사람
- 남들이(가족 포함) 내가 무슨 일을 하면서 먹고사는지 이해를 못하겠다는 사람

- 내가 하는 일에 근거 없는 자신감이 있는 사람
- 내가 틀린 것이 아니라, 세상 사람들이 모르고 있을 뿐이라고 생각하는 사람
- 돈보다 의미와 재미에 강하게 끌리는 사람

이러한 사람들을 '생산적또라이'라고 명명했습니다. 남들과 다른 길을 걸어가기에 다소 철없는 '또라이'처럼 보일지 모르지만, 그들이 사회에 긍정적인 변화를 일으킬 수 있는 잠재력을 지녔다고 생각했습니다. 그래서 저는 그들을 '생산적또라이'라고 불렀습니다.

1년 사이 총 10회의 생산적또라이 파티를 진행했는데, 회차가 거듭될수록 프로그램은 더욱 활기를 띠었습니다. 참가하는 청년들의 직업군도 다양해졌습니다. 대학 입학 대신 사업을 시작한 게스트하우스 사장님, 대기업을 퇴사하고 세계를 여행 중인 탐험가, 야간자율학습에 빠지고 찾아온 고등학교 3학년 학생도 있었습니다.

프로그램은 먹을 것을 차려 놓고 참가자들끼리 이야기를 나누는 것이 전부였습니다. 하지만 대화는 뜨거웠고 공식 프로그램 시간이 끝나 갈 때까지 열기는 식지 않았습니다. 참가자 대부분은 마치 오래된 친구를 만난 것처럼 서로를 반가워했고, 새벽까지 이어지는 소통 속에서 진정한 공감과 위로를 나눴습니다. 각자가

자신의 이야기를 열정적으로 풀어내고, 타인의 이야기에 깊이 귀 기울이며, 사회에서는 좀처럼 느낄 수 없었던 동지애를 형성했습니다. 이들은 비슷한 꿈과 고민을 가진 사람들 사이에서 자신이 혼자가 아니라는 사실을 깨달으며, 서로를 지지하고 응원하는 힘을 얻었습니다.

이처럼 신념 넘치는 청년들의 이야기는 지역사회에 퍼져 나갔고, 익산의 한 공공기관에서도 동일한 프로그램을 진행했습니다. 한 신문사의 요청을 받아 파티에 참여한 청년들을 인터뷰해, '생산적 또라이 100명이면 전북이 바뀐다'라는 주제로 지역 신문 칼럼도 연재했습니다. 이 프로그램은 청년들이 자신을 발견하고 성장할 수 있는 장이 되었습니다. 그들의 열정과 신념이 지역사회에까지 영향을 미쳤습니다.

당시 저와 같은 가치관을 가진 사람들을 만나고 싶다는, 지극히 사적인 욕심으로 시작한 프로그램은 명확한 타깃팅이라는 결과로 이어졌습니다. 덕분에 프로그램에는 취지와 목적에 잘 부합하는 사람들만이 참여했고, 참가자들의 만족도도 높았습니다. 이렇게 고객의 정체성을 명확히 파악했기에 프로그램은 청년들에게 깊은 공감과 동지애를 나누는 경험을 제공할 수 있었습니다.

05 스몰 브랜드의 타깃팅

사석에서 만난 한 마케팅 교수님이 말씀하길, 우리나라 상위 30개 기업이 1년에 쓰는 마케팅 비용이 약 7조 원에 달한답니다. 전주시의 연간 예산이 약 2조 원인데, 그 7배에 달하는 금액이 마케팅에 투입된다니, 정말 엄청나죠. 반면 중소 상공인의 월평균 온라인 광고비는 약 30만 원에 불과합니다. 이 차이는 비교조차 어려울 만큼 큽니다.

비용의 관점에서 보면 대기업의 마케팅 전략은 최대한 많은 사람에게 지속적으로 브랜드를 알리는 일종의 물량 공세입니다. 그러니 자본이 넉넉지 않은 스몰 브랜드가 '많은 사람에게 우리 브랜드를 알리겠다'라는 순수한 마음으로 마케팅을 시도한다면, 이는 그야말로 고래 싸움에 새우 등이 터지는 꼴입니다.

이런 상황에서 스몰 브랜드 마케팅의 핵심 전략은 자원을 효율적으로 사용하며, 메시지를 꼭 필요한 사람들에게 정확히 전달하는 것이어야 합니다. 고객의 정체성을 명확히 파악하고, 그들에게 집중하는 것이 중요한 겁니다. 수많은 사람 중 우리 브랜드를 실제로 구매할 가능성이 높은 사람에게 정확히 다가가는 것이 관건입니다. 이를 위해서는 매우 좁고 정밀한 타깃팅이 필요합니다. 이렇게 하면 제한된 자원으로도 강력한 효과를 발휘할 수 있으며, 브랜드의 성공 가능성을 극대화할 수 있습니다. 하지만 실상은 타깃을 좁히기가 그리 녹록하지 않습니다. 대부분 두 가지 고민으로 걱정을 하게 됩니다.

"타깃이 좁으면 그만큼 판매 기회가 줄어들지 않을까요?"
"남녀노소 모두가 우리 브랜드를 좋아해 주면 좋겠어요."

세계 최고의 브랜드인 애플 아이폰의 시장 점유율은 19%에 불과합니다. 운동화의 대명사로 떠오르는 나이키 운동화의 점유율은 18%(기능성 운동화를 제외한 통계)입니다. 글로벌 브랜드의 시장 점유율도 이 정도인데, 모두가 내 브랜드를 좋아하길 바란다는 것은 욕심 아닐까요? 중요한 것은 좁은 타깃팅으로 나만의 시장 점유율을 차근차근 높이는 겁니다. 그렇다면 어떻게 타깃을 좁힐 수 있을까요?

"내 제품과 서비스를 단 한 명에게만 판매한다면, 누가 가장 만족할까?"

타깃 설정에 어려움을 겪고 계신 분들에게 제가 드리고 싶은 단 하나의 질문입니다. 만족도가 높아지면, 우리 브랜드에 대한 긍정적인 인식도 자연스럽게 강화됩니다. 이로 인해 고객은 재구매를 하거나, 주변 사람들에게 기꺼이 추천하는 소중한 팬이 될 수 있습니다. 그렇기에 타깃 설정은 단순히 '누가 우리 제품을 사 줄까'라는 1차원적인 판매 목적에 그쳐서는 안 됩니다. '누가 우리 제품에 가장 큰 만족을 느낄까'라는 관점이 필요합니다. 소비자를 바라보는 시각 자체를 전환해야 합니다. 소비자를 우리 브랜드를 통해 더 나은 삶을 추구하는 사람으로 바라봐야 합니다.

"타깃팅만 제대로 해도 마케팅의 절반은 성공한 것"이라는 말이 있을 정도로, 타깃팅은 마케팅의 핵심 요소입니다. 정확한 타깃팅은 자원을 낭비하지 않고, 우리 브랜드의 메시지를 가장 필요한 사람들에게 정확하게 전달합니다.

06

브랜드 정체성 구축을 위한 내적 요소

브랜드가 한층 성장하기 위해서는 다양한 요소가 필요합니다. 우선 브랜드의 내적 요소들을 소개합니다.

브랜드의 목적을 정의하는 비전Vision과 미션Mission

비전과 미션은 브랜드의 방향과 목적을 정의하는 중요한 개념입니다. 비전과 미션을 명확하게 설정해야 브랜드의 지속 가능성을 위한 단단한 출발점을 만들 수 있습니다.

비전은 브랜드가 궁극적으로 도달하려는 미래의 이상적인 상태를 묘사하며, 장기적 목표 설정에 중점을 둡니다. 반면 미션은 브랜드가 현재 어떤 역할을 하고 있으며, 왜 존재하는지를 설명합니다. 또한 미션은 일상적인 운영과 활동의 지침이 됩니다. 이를 정리하면 다음과 같습니다.

항목	비전	미션
정의	브랜드가 궁극적으로 이루고자 하는 미래의 모습	브랜드가 존재하는 이유와 현재 수행하는 역할
시간적 관점	장기적, 미래 지향적	일상적, 현재적
목적	브랜드가 도달하려는 목표와 이상적인 상태를 설명	브랜드가 무엇을 하고 왜 존재하는지 설명
포커스	브랜드가 미래에 어떤 위치에 서고 싶은지에 집중	현재 브랜드가 하는 일과 제공하는 가치에 집중
역할	직원과 고객에게 동기를 부여하고 브랜드의 방향을 제시	브랜드의 운영 방식을 제시하며 일상적 행동을 유도
핵심 질문	"우리가 궁극적으로 이루고자 하는 것은 무엇인가?"	"우리는 왜 존재하고 무엇을 하는가?"

비전은 흔히 북극성에 비유됩니다. 북극성은 항상 같은 위치에 있어 방향을 잃지 않고 목적지로 갈 수 있도록 도와주는 별입니다. 또한 비전은 브랜드가 장기적으로 나아가야 할 고정된 목표를 의미합니다. 비전은 브랜드가 혼란스럽거나 방향을 잃기 쉬운 상

황에서도 흔들리지 않고 목표를 향해 나아갈 수 있도록 지침이 됩니다.

저는 컨설팅을 할 때, 항상 비전을 묻습니다. 사업이라는 것은 무수한 변수와 위기 속에서 문제를 하나씩 해결해 나가는 여정이기 때문입니다. 나에게 닥친 문제가 거대한 파도처럼 느껴져 좌절하고, 길을 잃고 헤매는 경우가 부지기수입니다. 그런 상황에서 마음을 다잡고 길을 찾기 위해서는 명확한 목표가 필요합니다.

고대부터 북극성은 항해자들에게 나침반 역할을 했습니다. 지금처럼 기술이 발전하지 않았던 시대에는, 북극성을 보며 방향을 찾는 것이 중요한 생존 기술이었습니다. 저는 고대의 항해자들에게 북극성은 의미가 컸을 것이라고 생각합니다. 북극성을 보며 그들은 사랑하는 가족의 품으로 돌아갈 수 있다는 믿음을 얻고, 강력한 의지를 다지지 않았을까요? 북극성은 미지의 위험을 감수하며 항해를 계속할 수 있게 만드는 심리적 버팀목이자, 힘겨운 여정 속에서도 끝까지 포기하지 않도록 하는 내면의 힘이 되었을 겁니다.

비전은 신뢰와도 관련이 있습니다. 타인에게 마음을 내어 주는 것은 쉽지 않습니다. 상대를 마지막까지 의심하며, 끝내 신뢰하지 못하는 경우도 적지 않습니다. 브랜드도 마찬가지입니다. 사람들은 우리 브랜드가 소비자와 약속한 것들을 얼마나 잘 지켜 나가는

지, 단순히 이익만을 추구하는 것은 아닌지, 혹은 사회에 귀감이 되는지 등을 오랫동안 지켜보며 판단합니다. 그만큼 브랜딩 작업은 시간이 필요하고, 신뢰를 쌓아 가는 과정입니다.

이 과정에서 비전은 필수적입니다. 브랜딩은 단기적인 성과보다 장기적인 신뢰를 구축하는 여정이기 때문에, 비전은 그 길을 잃지 않도록 이끄는 북극성과 같습니다. 우리가 지쳐 잠시 멈추더라도, 다시 일어나 앞으로 나아가려면 마음을 붙잡아 줄 비전이 필요합니다. 그것이 바로 브랜드가 지속적으로 성장하고, 소비자와 깊이 연결되며, 신뢰를 얻는 기반이 됩니다.

미션은 브랜드의 존재 이유를 설명하는 핵심 요소로, 브랜드가 왜 세상에 존재해야 하는지를 명확히 규정합니다. 미션은 브랜드의 근본적인 목적을 담고 있습니다. 따라서 미션은 브랜드 운영과 활동의 지침이 되며, 일상의 임무를 부여합니다. 또한 미션은 브랜드 존재의 근거를 설명합니다. 따라서 미션이 바뀌면 브랜드는 존재의 의미를 잃게 되며, 그동안 지켜 온 정체성 또한 흔들립니다. 브랜드의 영혼과도 같은 미션은 브랜드가 어떤 상황에 처하더라도 결코 변하지 않는 방향성을 제시하는 기준입니다.

브랜드의 미션은 앞서 언급한 '의미'와도 맞닿아 있습니다. 미국 대공황 시절, 극장은 사람들에게 '위로와 공감의 공간'이라는 의미

였고, 이는 당시 극장의 존재 이유였습니다. 이처럼 미션과 의미는 브랜드가 세상에 존재하는 이유를 규정하는 것과 연관이 있습니다. 따라서 미션은 브랜드의 모든 활동과 커뮤니케이션에 스며들어, 소비자와 깊은 연결을 이끕니다. 미션이 브랜드의 의미와 조화를 이룰 때, 브랜드는 소비자들에게 제품이나 서비스 그 이상의 가치를 전달하며, 지속적인 공감과 관계를 형성합니다.

비전과 미션은 『스타트 위드 와이』의 저자 사이먼 시넥이 제시한 골든 서클을 참고하면 도움이 됩니다. 골든 서클은 왜Why, 어떻게How, 무엇을What이라는 세 가지 질문을 중심으로 구성된 틀입니다. 브랜드와 조직이 어떻게 효과적으로 커뮤니케이션하고 전략을 수립할 수 있는지를 설명하는 틀이기도 합니다.

사람들은 보통 '무엇'을 판매하는지, '어떻게' 그것을 실행할지를 설명하는 데 집중합니다. 그러나 세계적인 기업들은 '왜'를 묻는 것에서 시작해 자신들의 존재 이유를 먼저 정의합니다. 이를 통해 브랜드가 추구하는 가치를 명확히 합니다. 이러한 본질적인 질문이야말로 사람들에게 깊은 공감과 영감을 불러일으킵니다.

*골든 서클의 질문[7]

1. Why: 왜 이 일을 하는가?

2. How: 어떻게 할 것인가?

3. What: 무엇을 할 것인가?

*골든 서클의 질문을 '애플'에 적용하기

1. Why: 세상을 변화시키고, 기술을 통해 사람들의 삶을 개선하고자
   한다.

2. How: 사용자 친화적이고, 혁신적인 제품을 만든다.

3. What: 컴퓨터, 스마트폰, 태블릿 등

왜 그것을 하는지 명확한 이유를 제시할 때, 브랜드는 고객과 더욱 깊이 연결될 수 있습니다. 고객도 브랜드의 존재 이유를 알게 되면, 제품 그 이상의 가치를 느낍니다. 이를 통해 브랜드는 고객과 진정성 있는 관계를 형성하고, 지속적인 참여를 이끌 수 있습니다.

가끔은 학생들이 찾아와 진로를 고민하며 저에게 조언을 구합니다. 대부분은 자신이 하고 싶은 일이 과연 괜찮은지, 그리고 그

---

7   사이먼 시넥, 『스타트 위드 와이』, 윤혜리 옮김, 세계사, 2021, 63페이지.

분야의 전망은 어떤지를 묻습니다. 그럴 때 저는 항상 묻습니다. "왜 그것을 하고 싶은가요?" 학생들의 관심사는 워낙 다양해서 저에게도 낯선 분야가 많습니다. 그래서 일의 전망에 제가 확실한 답을 주기 어려울 때도 있습니다. 하지만 한 가지 확신할 수 있는 것은, 자신이 하고 싶은 일에 명확한 이유가 있다면 해낼 가능성이 높다는 것입니다. 그 분야가 생소하더라도, 학생이 그 일을 하고 싶은 이유를 분명히 설명하고 확신을 가지고 말하면, 그 열정이 저에게도 고스란히 전해집니다. 비록 그 분야의 전망이 다소 불투명해 보이더라도, 이 학생이라면 뭐든 해낼 것 같다는 믿음이 생겨 응원을 하게 됩니다.

자신이 왜 그것을 하는지 명확한 이유를 제시하는 사람에게는 진정성이 느껴집니다. 그 열정이 다른 사람들에게도 강력한 영향을 미치게 되고요. 이는 타인을 움직이는 진정한 힘이 됩니다. 여러분만의 강력한 '이유'를 꼭 찾아보시길 바랍니다. 그것이 곧 여러분의 진정한 힘이 될 것입니다.

브랜드의 격을 완성하는 '가치관'

역사를 돌아보면, 한 사람의 가치관이 얼마나 강력한 영향을 미치는지 알 수 있습니다. 우리나라의 독립운동가들은 '애국심'이라는 가치관을 가지고, 잃어버린 조국을 되찾기 위해 목숨을 걸고 싸웠습니다. 반면 독일의 히틀러는 '인종주의'라는 가치관을 가지고 약 600만 명의 유대인과 민간인을 학살하며 유럽 전역을 전쟁의 참화로 몰아넣었습니다. 이처럼 개인의 가치관은 그 사람의 인격을 형성하고 인생을 이끄는 데 커다란 영향을 미칩니다. 그래서 모든 부모는 자녀가 어릴 때부터 올바른 가치관을 형성하도록 끊임없이 노력합니다.

사람과 마찬가지로 브랜드도 가치관을 지니고 있어야 합니다. 브랜드의 가치관은 브랜드가 중요하게 여기는 원칙으로, 모든 의사결정의 기준이 되는 본질적인 요소입니다. 고유의 가치관을 꾸준히 지켜 나가는 브랜드는 마치 사람이 인격을 형성하듯, 브랜드의 격과 위상을 만들어 갑니다. 브랜드의 가치관은 브랜드가 세상에서 어떤 존재로 자리 잡을지를 결정짓는 중요한 기준이 됩니다. 예를 들어 앞서 설명한 파타고니아는 환경보호라는 가치관을 중심에 두고 있습니다. 이로 인해 파타고니아는 브랜드 이상의 의미와 가치를 지니게 되었고, 이는 소비자들에게 강한 공감을 불러일으킵니다.

브랜드가 추구하는 가치관은 일하는 방식에도 영향을 미칩니다. 저의 경우, 일할 때 가장 중요하게 생각하는 가치관은 '솔직함'입니다. 솔직함은 상호 간의 신뢰를 쌓고, 건전한 평가와 피드백이 가능하게 하는 요소이기 때문입니다. 이를 실현하기 위해, 제가 운영한 센터에서는 직함을 없애고, 서로를 닉네임으로 불렀습니다. 또한 나이와 직급에 상관없이 반말을 사용했습니다. 존댓말이 주는 권위를 제거해, 솔직한 대화를 촉진하려는 시도였습니다. 이와 함께 한 달에 한 번씩 전 직원들과 개별 면담을 진행해 생각과 의견을 자유롭게 표현하도록 노력했습니다. 물론 함께 일했던 동료들이 당시 얼마나 솔직하게 자신을 표현했는지는 정확히 알 수 없지만, 적어도 상사인 제가 '솔직함'을 위해 노력한다는 것은 느꼈을 겁니다.

대전의 대표 브랜드인 '성심당'은 동네 빵집을 넘어 전국적으로 높은 인지도를 자랑하는 명소입니다. 성심당의 명성은 익히 알고 있었지만, 대기업 프랜차이즈의 영업이익을 제치고 동네 빵집으로는 최초로 천억 원의 매출을 달성했다는 뉴스는 그곳의 위력을 실감하게 합니다. 성심당의 성공 비결에 대해서는 가성비, 맛 등 다양한 분석이 있지만 제가 주목한 것은 그곳이 추구하는 가치관입니다.

성심당이 가장 중요하게 여기는 것은 '한 가족'이라는 일치감입니다. 임직원 모두가 가족처럼 서로를 이해하고 배려하며 사랑하는 일이야말로 성심당 직원들의 가장 큰 임무라고 합니다. 이러한 가치관 덕분에 2005년 대형 화재로 성심당이 재정적으로 어려워 존폐의 위기에 처했을 때도, 직원들의 월급은 단 한 번도 밀리지 않았습니다. 경영 컨설턴트들이 직원 감축을 제안했을 때도, 성심당은 흔들림 없이 직원 복지를 보완해 나갔습니다.

성심당의 가치관은 단순히 구호에 그치지 않고, 실질적인 회사 운영에 뿌리내렸습니다. 매주 발행되는 '한가족 신문'은 직원들이 직접 작성한 이야기와 경험들로 채워지는 직원 전용 소식지입니다. 신문은 구성원 모두가 서로의 소식을 확인하며 단단한 결속력을 유지하도록 돕습니다. 또한 성심당은 '한가족 프로젝트'라는 이름으로 직원들의 가정이나 숙소를 방문하며, 직원들의 의견을 세심하게 듣습니다. 이와 함께 '한가족 캠프'라는 문화 활동을 통해, 직원들 간의 친밀감을 더욱 쌓기도 합니다.

이처럼 성심당은 가족 공동체로서의 가치를 지향합니다. 이러한 단단한 가치관은 자연스럽게 성심당의 영향력을 대전의 지역사회로 확장시켰습니다. 대전 시민들에게는 성심당이 지역사회에 꼭 필요한 존재로 자리 잡게 된 겁니다.

성심당의 사례처럼 내면에 어떤 가치관을 가지는지에 따라 브랜드의 운명이 결정됩니다. 가치관이 뚜렷하고 이를 일관되게 실천하는 브랜드는 소비자의 신뢰를 얻어, 어려움 속에서도 흔들림 없이 성장할 수 있습니다. 반면 가치관이 표면적으로만 존재하는 브랜드는 언제든지 위기에 직면할 수 있으며, 그 결과는 치명적일 수 있습니다. 브랜드가 내세우는 가치관은 우리가 나아가야 할 길을 밝히는 빛이자, 함께 나아가는 이들에게 영감을 주는 불꽃이 되어야 합니다.

앤 밀튼버그는 『스타트업 브랜딩의 기술』에서 브랜드 가치를 도덕성, 철학 등의 범주로 구분해 설정[8]합니다. 그중 태도와 이념의 범주로 앞서 소개한 '생산적또라이파티'의 브랜드 가치를 정리하면 다음과 같습니다. 이를 참고해 여러분도 자신만의 브랜드 가치를 발견하기 바랍니다.

*생산적또라이파티의 브랜드 가치

- 태도: 나다움, 나만의 길, 용기, 열린 자세

- 이념: 연대, 행동, 자유

---

8   앤 밀튼버그, 『스타트업 브랜딩의 기술』, 이윤정 옮김, 유엑스리뷰, 2020, 70페이지.

소비자와의 관계를 결정짓는 브랜드의 '약속'

브랜드의 약속은 소비자에게 전달하겠다고 보장하는 가치와 경험입니다. 약속을 통해 소비자는 브랜드의 방향과 가치를 명확히 인지합니다. 브랜드가 어떤 상황에서도 약속을 지켜 나갈 때, 소비자들은 진정성을 느끼며 깊은 신뢰를 합니다. 반면 브랜드가 약속을 지키지 못하면 소비자들은 빠르게 등을 돌립니다. 이처럼 브랜드의 약속은 소비자와의 관계를 결정짓는 중요한 기준입니다.

브랜드의 약속은 '브랜드 자산 가치 구성 모델'에 따라 크게 '기능적 약속'과 '정서적 약속'으로 구분할 수 있습니다. 우선 약속을 정하기 위해서는 아래의 질문을 스스로 던져 봐야 합니다.

질문	생각 확장하기
고객에게 무엇을 제공할 수 있는가?	브랜드가 제공하는 제품이나 서비스의 핵심 가치를 명확히 정의하고, 고객이 실질적으로 얻는 이점을 생각하기
고객은 어떤 문제에 직면하고 있는가?	고객의 고충과 불편함을 이해하는 것은 브랜드가 해결해야 할 중요한 과제를 설정하는 출발점이라는 것을 생각하기
어떻게 고객의 삶을 더욱 풍요롭게 만들어 줄 수 있는가?	브랜드가 어떻게 고객의 일상과 경험을 긍정적으로 변화시킬 수 있을지 고민하기
고객은 무엇을 가치 있게 여기는가?	고객이 중요하게 생각하는 가치를 이해하고, 그 가치를 충족시킬 수 있는 약속을 브랜드에 반영하기
고객이 우리 브랜드를 선택함으로써 얻는 궁극적인 혜택은 무엇인가?	고객이 브랜드를 선택해 느끼게 될 심리적·사회적 혜택을 명확히 하기

브랜드에 대한 본질적인 질문에 답을 내렸다면, 기능적·정서적 약속을 알아보겠습니다.

브랜드의 기능적 약속은 제품이나 서비스의 실질적인 성능에 대한 구체적인 약속을 의미합니다. 이는 고객이 기대하는 명확하고 실질적인 혜택을 제공하며, 브랜드가 고객에게 실질적으로 어떤 가치를 전달하는지를 보여 줍니다. 예를 들어 볼보는 '안전'을 핵심 기능적 약속으로 내세우며, 세계 최초의 3점식 안전벨트를 개발하는 등 지속적인 안전 기술을 개발합니다. 이를 통해 고객에게 안전한 차량을 제공하겠다는 약속을 지켜 오고 있습니다.

흔히 볼 수 있는 '잔반 사용 절대 금지', '지역에서 나는 신선한 재료로 요리합니다', '30분 이내 배달 보장', '최신 의료 기술로 진료' 등과 같은 문구도 모두 기능적 약속에 해당합니다. 이처럼 기능적 약속은 브랜드의 제품, 서비스의 구체적인 기능과 혜택을 명확히 보장하는 것입니다.

브랜드의 정서적 약속은 고객과의 감정적 연결 형성에 중점을 둡니다. 이는 브랜드가 고객에게 제공하는 감정적 경험과 가치를 의미하며, 고객의 마음을 움직이는 역할을 합니다. 예를 들어 디즈니의 정서적 약속은 '마법 같은 경험'을 제공하는 겁니다. 디즈니의 테마파크, 영화, 캐릭터 등 모든 콘텐츠는 고객에게 어린 시절의 꿈과 환상, 행복한 추억을 선사하며, 디즈니를 특별한 감정의 상징으로 자리 잡게 합니다.

기능적 약속이 고객에게 실질적인 가치를 제공하는 것이라면, 정서적 약속은 그 가치를 넘어 고객의 마음을 움직이고, 깊은 감정적 연결을 형성하는 것입니다. 브랜드의 약속을 정할 때 가장 중요한 것은 바로 그것을 지킬 수 있어야 한다는 점입니다.

현장에서 우리는 당장의 판매를 위해 과장된 약속을 하는 사례를 많이 봅니다. 특히 교육 사업에서는 "이 강의만 들으면 경제적 자유를 얻을 수 있다", "이 강의를 들으면 인스타그램 팔로워가 폭발적으로 늘어난다"와 같은 자극적인 문구들이 쏟아집니다. 이러한 메시지는 당장의 판매 효과만을 생각한 거짓된 약속일 뿐입니다.

브랜드의 약속은 고객과의 신뢰를 구축하기 위한 핵심입니다. 그래서 무리하게 과장하거나 지킬 수 없는 약속을 남발해서는 안 됩니다. 단 하나의 약속이라도, 내 브랜드가 존재하는 한 언제나 지킬 수 있는 약속을 설정해야 합니다. 고객들은 진정성을 느낄 때 비로소 브랜드에 마음을 열고, 신뢰를 쌓습니다. 시간이 지나도 변하지 않는, 지킬 수 있는 약속을 통해 브랜드의 가치를 견고히 세우기 바랍니다. 브랜드가 어떠한 상황에서도 약속을 지켜 낼 때, 고객은 충성스러운 지지자인 브랜드의 팬이 될 수 있습니다.

브랜드의 팬 이해하기

팬이란 브랜드를 적극적으로 지지하고 사랑하며, 자발적으로 홍보까지 해 주는 열성적인 고객층을 의미합니다. 팬을 보유하는 것이 브랜딩의 궁극적인 목적이라고 할 수 있습니다. 팬이 있는 브랜드와 없는 브랜드 사이에 커다란 차이가 있기 때문입니다.

팬은 주로 대중문화나 스포츠에서 열광적으로 지지하는 자발적인 공동체와 그 문화를 지칭합니다. 지지자, 추종자 정도로 해석할 수 있으며 마케팅에서는 '충성고객'이라 불립니다. 팬은 브랜드의 매출뿐만 아니라 브랜드의 존재 이유를 단단하게 세워 주기에 중요합니다.

팬은 브랜드의 가치를 이해하고, 그것을 자신의 삶에 적용하며, 브랜드가 세상에 전하고자 하는 메시지를 확산시킵니다. 그들은 브랜드와 함께 성장하고, 브랜드의 성공과 실패에 감정적으로 연결되어 있어, 브랜드가 흔들리지 않도록 중심을 잡아 주는 존재입니다.

팬의 지지는 브랜드에 끊임없는 영감을 제공하고, 새로운 도전을 가능하게 합니다. 브랜드의 방향성이 흔들릴 때, 팬들의 목소리는 브랜드가 나아갈 길을 명확히 정립하는 데 도움이 됩니다. 이러한 이유로 팬은 브랜드가 지속 가능한 존재로 자리매김하게 만드는 가장 강력한 동력입니다. 브랜드 팬은 세 가지 유형으로 요약할 수 있습니다.

① 팬의 유형: 묻지 마 구매

팬은 브랜드에 강한 신뢰와 애정을 바탕으로 '묻지 마 구매'를 합니다. 제품의 세부 기능이나 성능을 따지기보다는, 브랜드가 제공하는 경험과 가치를 믿고 구매를 결정하는 것이죠. 특히 신제품이 출시되었을 때 그 현상은 더욱 두드러집니다. 아이폰 신제품이 출시될 때마다 애플스토어 앞에 며칠 전부터 줄을 서던 사람들을 떠올려 보세요. 오로지 브랜드에 대한 기대감만으로 밤을 새우며 대기하는 모습을 보면, 일반적인 소비자와 팬의 차이를 실감하게 됩니다.

저처럼 제품 리뷰를 꼼꼼히 확인하고, 가격과 성능을 비교해 가며 신중하게 구매하는 사람들에게는 이해하기 어려운 모습일 수 있습니다. 하지만 팬들에게는 이 모든 과정이 브랜드와의 특별한 연결 고리를 형성하는 일종의 '의식'과도 같습니다. 그들은 제품을 통해 브랜드의 가치를 소유하고, 브랜드와 관계를 유지한다는 만족감을 느낍니다. 이 때문에 제품의 세세한 기능보다는 브랜드 자체에 더 큰 의미를 부여합니다. 이렇듯 맹목적인 구매는 브랜드에 대한 깊은 신뢰와 애정의 표현입니다. 브랜드의 입장에서는 무엇보다도 강력한 자산이 됩니다.

② 팬의 유형: **자발적 전도**

팬들은 '자발적 전도자'로서 그 누구보다 열정적으로 브랜드를 알리고, 추천하는 데 주저함이 없습니다. 이들은 주변 사람들에게 자신의 애정을 표현하며, 브랜드를 널리 알리고자 합니다. 마치 누군가를 열렬히 짝사랑할 때 감정을 감추지 못하고 친구에게 끊임없이 이야기하듯, 팬들은 자신이 좋아하는 브랜드의 장점을 강조하며 열정적으로 전파합니다.

이러한 자발적 전도는 브랜드의 강력한 홍보 수단이 됩니다. 팬들은 친구와 가족, 심지어 처음 만난 사람에게까지 브랜드의 가치와 매력을 설파합니다. 자신이 느낀 감동과 만족을 공유하고, 타인도 같은 경험을 통해 즐거움을 느끼길 바랍니다. 이 과정에서 팬은 브랜드의 가장 강력한 지지자가 되어, 브랜드의 성장을 이끌어 가는 동력이 됩니다.

팬의 자발적 전도는 브랜드에 신뢰를 더해 줍니다. 왜냐하면 사람들은 광고보다 친구의 추천을 더 신뢰하기 때문입니다. 이처럼 팬은 브랜드의 가장 강력한 마케터로서, 브랜드가 지속적으로 성장하고 사랑받을 수 있도록 돕는 중요한 존재입니다. 팬의 '전도'는 그 어떤 광고비로도 살 수 없는, 브랜드의 진정성과 가치를 세상에 알리는 가장 귀중한 자산입니다.

③ 팬의 유형: **방패**

팬은 브랜드의 가장 든든한 '방패' 역할을 합니다. 브랜드가 위기 상황에 직면할 때, 팬은 마치 자신의 문제인 양 깊이 공감하며 함께 해결책을 모색합니다. 매출 감소나 실적 부진 같은 어려움이 닥치면 팬들은 브랜드를 응원하며, 새로운 캠페인이나 제품 출시를 자발적으로 지지하고 확산시키며 브랜드의 회복을 돕습니다.

또한 브랜드가 예기치 못한 실수나 비판을 받았을 때, 팬들은 적극적으로 나서서 브랜드를 옹호하고 방어합니다. 마치 내 자식을 감싸듯이 브랜드를 대변하며, 외부의 부정적인 시선으로부터 브랜드를 지켜주려 합니다. 이들의 방패 역할은 브랜드가 위기에서 빠져나오는 데 큰 힘이 되며, 외부의 비난에도 흔들리지 않고 브랜드를 지지하게 만드는 강력한 동력이 됩니다.

팬들의 이런 행동은 브랜드와의 깊은 정서적 연결과 유대감에서 나옵니다. 이들은 브랜드의 가치를 함께 나누고, 그 가치를 지키기 위해 앞장서는 진정한 동반자입니다. 팬들의 방어는 브랜드의 실수를 용서하게 만들고, 그 과정에서 브랜드는 더욱 성숙하고 강해지는 기회를 얻습니다. 팬이 있어야만 브랜드가 살아 숨 쉬며, 위기에도 흔들림 없이 자신의 길을 갈 수 있습니다.

세 유형의 팬을 보면 팬과 브랜드 사이에는 강력한 신뢰와 깊은 감정적 유대가 있다는 것을 알 수 있습니다. 팬은 자신이 사랑하는 브랜드에 무조건적인 애정을 보내며, 경쟁사의 제품은 아예 고려하지 않습니다. 이들은 열렬한 지지자이자 동반자로서 브랜드와 함께합니다. 팬덤을 형성한 사람들은 특정 브랜드에 깊은 애착을 가지며, 브랜드를 이성적인 잣대로 평가하지 않습니다. 브랜드의 모든 것을 수용하고, 때로는 단점조차도 매력으로 받아들입니다.

우리나라에서 두터운 팬덤을 자랑하는 브랜드 중 하나는 바로 BTS입니다. 그들의 팬클럽인 '아미ARMY'는 전 세계적으로 유대감이 깊고 강력한 지지를 보내는 것으로 유명하죠. 저의 친구 중에도 열렬한 아미가 있습니다. 그 친구는 팬이 가진 세 가지 유형의 특징을 그대로 보여 줍니다.

첫째, 친구는 BTS의 신규 앨범이 발매되거나 콘서트 티켓이 오픈되면 즉시 구매합니다. 음반, 공연, 굿즈 등도 출시되면 고민 없이 소비합니다. BTS의 이름이 붙어 있다는 이유만으로 구매 결정을 내립니다.

둘째, 친구는 BTS의 자발적인 전도사 역할을 톡톡히 합니다. 만날 때마다 공연과 뮤직비디오를 봤느냐며 BTS 이야기를 꺼냅니다. 그 열정 덕분에 저도 모르게 뷔와 RM이라는 멤버의 이름을 외울 정도입니다.

마지막으로, 친구는 BTS가 비난을 받으면 적극적으로 옹호합니다. BTS의 변호사가 따로 없을 정도입니다. BTS에 대해 잘못된 정보를 이야기하면 바로잡으려는 모습이 열성적입니다. BTS가 초창기에 활동할 때도 더욱 강한 방패가 되어 그들을 감싸고 응원했습니다.

이러한 팬덤은 사회적 영향력까지 발휘합니다. 2020년 미국 대선 당시, 트럼프 대통령은 오클라호마에서 열리는 선거 유세에 약 100만 명이 참가 신청을 했다고 자랑했습니다. 하지만 현장을 보니 약 2만 명을 수용할 수 있는 유세장이 절반도 채워지지 않았습니다. 예상치 못한 노쇼가 발생하면서 유세는 흥행 참패로 끝났습니다. 그런데 그 배경에는 BTS 팬들이 있었습니다.

트럼프 당선에 반대하는 한 미국 인플루언서가 소셜미디어를 통해 BTS 팬들에게 트롤링 캠페인Trolling Campaign[9]에 동참할 것을 요청했습니다. 이에 팬들이 호응하면서 선거 유세에 대거 등록만 하고 실제로는 참석하지 않았던 겁니다. BTS 팬들의 단합된 행동은 사회적·정치적 현장에서도 강력한 영향력을 행사할 수 있음을 보여 줬습니다. 팬덤의 이러한 힘은 브랜드가 가질 수 있는 가장 강력한 자산이자, 사회적 목소리를 내는 주체로서의 역할을 상징합니다.[10]

BTS처럼 영향력이 큰 셀럽이 아니더라도, 팬은 충분히 만들 수 있습니다. 제가 즐겨 가는 전주의 동네 책방 '잘 익은 언어들'에도 팬이 있습니다. 책방의 단골손님들은 주인이 추천하는 책이면 분야, 장르를

---

9   의도적으로 혼란을 일으키기 위해 온라인에서 벌이는 행동.

10   김상욱, K-pop 팬덤, 트럼프 선거유세 집회 방해 이유 있었네, 뉴스타운, 2020년 6월 23일 자.

따지지 않고 일단 구매해서 읽습니다. 또한 전도사 역할을 하며 수시로 주변 사람들을 데리고 옵니다. 책방에 일손이 필요하면 자발적으로 나서서 함께 작업을 합니다. 주인이 자리를 비우는 동안에는 공간을 지키는 든든한 지원군이 됩니다. 이처럼 팬은 대중적 인지도와 영향력이 있는 브랜드만 가질 수 있는 것이 아닙니다. '잘 익은 언어들'의 주인은 자신만의 이야기와 큐레이션을 통해 신뢰를 쌓으며 견고한 팬을 만든 겁니다.

④ 20%가 핵심

브랜드 팬의 수를 생각할 때, 대부분은 "많으면 많을수록 좋다."라고 말합니다. 물론 틀린 말은 아니지만 현실적으로 모든 소비자가 내 브랜드의 팬이 될 수는 없습니다. 또한 팬의 수에 대한 명확한 목표가 없다면, 효과적인 팬 만들기 전략을 실행하기 어렵습니다. 그래서 목표로 하는 팬의 수를 파악하는 것은 중요합니다.

그렇다면 우리에게는 어느 정도의 팬이 필요할까요? 브랜드 팬의 수는 전체 고객의 20%[11]면 충분합니다. 그 이유는 파레토 법칙에서 찾을 수 있습니다. 파레토 법칙은 이탈리아 경제학자 빌프레드 파레토

---

11   사토 나오유키, 『팬 베이스』, 김현정 옮김, 한스미디어, 2018, 44~46페이지.

가 1896년에 발표한 논문에서 주장한 이론입니다. 이것은 '이탈리아 인구의 20%가 국토의 80%를 소유하고 있으며, 심어진 완두콩 종자의 20%가 전체 수확량의 80%를 차지한다'라는 관찰에서 도출된 법칙입니다. 흔히 '80:20 법칙'으로 알려진 법칙입니다. 결과의 대부분(80%)이 일부 원인(20%) 때문에 발생한다는 것을 경험적·통계적으로 설명합니다.

마케팅에서도 이 법칙은 유효합니다. 예를 들어 백화점 매출의 80%가 상위 20%의 고객에게서 나오는 것처럼, 상위 20%의 고객이 매출의 대부분을 차지합니다. 브랜드에서도 팬이 전체 고객의 20%를 차지한다면, 그들은 브랜드의 매출, 성장, 그리고 지속 가능성을 이끄는 중요한 원동력이 됩니다.

여러분의 브랜드를 구매한 고객이 100명이라면 그중 20명을 팬으로 만드는 데 집중하면 됩니다. 중요한 것은 '팬이 많으면 좋다'는 막연한 목표가 아니라, 제품을 경험한 고객의 20%를 팬으로 만드는 것입니다. 이 20%의 팬이야말로 브랜드의 열성적인 지지자이자, 지속적인 성장을 이끄는 견인차가 됩니다. 이들은 브랜드의 가치를 이해하고 공감하며, 브랜드의 미래를 함께 만들어 가는 존재입니다.

여러분의 브랜드를 진심으로 사랑하는 20%의 팬을 만드세요. 그들이야말로 브랜드를 특별하고 지속 가능한 존재로 만들어 줄 것입니다.

07

시장에서
우위를 점할 수 있는
'차별점'

우리는 수많은 브랜드에 노출됩니다. 모든 브랜드는 소비자의 관심과 선택을 받기 위해 치열하게 경쟁하고 있죠. 이러한 상황에 우리 브랜드만의 차별점이 없다면 브랜드는 존재조차 인식되기 어렵습니다. 따라서 차별점을 명확하게 세우면 다른 브랜드와의 경쟁에서 우위를 점할 수 있는 강력한 도구가 됩니다.

차별점이란 다른 것과의 차이로 구별되는 '특징'입니다. 여기서 중요한 것은 특징 자체입니다. 다른 점이 있다고 해서 모두가 특징으로 인식되는 것은 아닙니다. 만약 그 다름이 소비자에게 특징으로 느껴지지 않는다면, 그것은 단순한 차이점에 불과합니다. 차별점은 반드시 확실한 특징을 갖고 있어야 합니다. 만약 내세운 차별점이 소비자에게 별다른 반응을 얻지 못했다면, 그것은 소비자가 그 차별점을 특징으로 인식하지 않았기 때문일 수 있습니다.

다른 브랜드와의 차별점을 만드는 가장 확실한 방법은 나의 강점을 더욱 강화하는 것입니다. 잘하는 것을 찾아 나만의 강점으로 정립하고, 그것을 바탕으로 차별점을 만들어 보세요. 이때 약점은 과감히 버리고 강점에만 집중하는 것이 중요합니다. 하지만 많은 사람들이 강점보다는 약점에 신경 쓰며, 부족한 점을 보완하는 데 많은 에너지를 쏟습니다. 이는 아마도 어릴 때부터 부모님께 남들처럼 평범하게 사는 것이 미덕이라고 꾸준히 들어 왔기 때문일 겁니다. 하지만 브랜딩에서는 이러한 사고방식을 버려야 합니다. 강점을 찾아 갈고닦아 나만의 차별점으로 만드는 것이 성공적인 브랜딩의 핵심입니다. 나만의 독특한 강점을 발견하고 그것을 탁월한 차별화 요소로 발전시켜야 합니다. 이는 시장에서 독보적인 위치를 차지하고, 장기적인 성공을 이끄는 강력한 전략이 됩니다.

문영미 교수의 도서 『디퍼런트』를 보면 오늘날 모든 산업과 시장에서 공통적으로 나타나고 있는 현상을 하나 꼽는데, 경쟁이 치열해지면서 기업들이 똑같아지고 있다는 점[12]이라고 합니다. 많은 기업이 부족한 부분을 보강하려는 유혹을 떨쳐 버리지 못하고, 결

---

12   문영미, 『디퍼런트』, 박세연 옮김, 살림Biz, 2011, 59~62페이지.

국 중간 정도의 수준으로 평준화되는 '약점 보완의 역설'에 빠지게 된다는 것입니다. 이로 인해 기업들은 차별화되기보다는 서로 비슷한 모습을 보입니다.

반면 강점에 집중하여 평균 점수와의 격차를 더 벌리려는 사람들은 많지 않다고 합니다. 평균과는 정반대의 길로 나아가야 진정한 차별화가 일어난다고 문영미 교수는 강조합니다. 평균적인 것을 목표로 삼기보다는, 나만의 강점을 극대화하여 그 부분에서 독보적인 위치를 차지하는 것이야말로 진정으로 차별화된 브랜드를 만드는 방법이라는 것입니다. 차별화는 평균에서 벗어나는 순간 시작됩니다. 강점을 더욱 강화하고, 그 강점을 바탕으로 독특한 가치를 창출하는 것이 평범함을 넘어서는 길임을 말해 주고 있습니다.

지금 당장 떠오르는 강점이 없을 수도 있습니다. 실제로 제가 만난 많은 사장들도 강점을 잘 모르겠다며 하소연하곤 합니다. 아무리 생각해 봐도 남들보다 특출나게 잘하는 것이 없다고 느낀다면, 여러분의 태도와 열정이 강점이 될 수 있습니다. 강점은 눈에 띄는 능력이나 재능일 필요는 없습니다. 포기하지 않는 마음과 끝까지 해내려는 의지는 남들과 다른 결과를 만들어 내는 차별화 요소가 될 수 있습니다. 강점을 발견하는 첫걸음은 이러한 내면의 열정을 갈고닦는 것에서 시작됩니다.

그렇다면 차별점을 찾는 전략적인 방법은 무엇일까요? 시장을 좁히는 전략만으로도 강력한 차별점을 만들어 낼 수 있습니다. 페이팔 공동 창업자인 피터 틸이 저서 『제로 투 원』에서 강조한 것처럼, 작은 시장에서 시작해 그 시장을 독점하는 것이 바로 그 전략의 핵심[13]입니다. 큰 시장은 경쟁이 치열하기에 존재감을 드러내기 어렵습니다. 그러므로 아주 작은 시장에서 시작해 유일한 존재가 되라는 것입니다. 이 전략은 한정된 자원으로도 큰 성과를 낼 수 있는 방법입니다. 시장을 좁히고 타깃을 명확히 함으로써, 우리의 브랜드는 특정 시장에서 독보적인 위치를 차지할 수 있습니다.

밀키트를 예로 들어 볼까요? 우리나라에는 약 4,400개의 밀키트 브랜드가 있습니다. 이런 상황에서 차별화를 하려면, 시장을 '한식 밀키트'로 좁히는 것입니다. 하지만 여전히 경쟁이 치열하다면, 연령을 한정해 '한식 밀키트를 선호하는 3040'으로 좁힙니다. 그래도 여전히 차별화가 어렵다면, 거주 지역을 좁혀서 '한식 밀키트를 선호하는 전주의 3040'으로 타깃팅을 할 수 있습니다. 하지만 여전히 경쟁이 치열하다면, '한식 밀키트를 선호하는 전주의 3040으로 아이가 있는 부부'로 좁힐 수 있습니다. 그런데도 여전

---

13 피터 틸·블레이크 매스터스, 『제로 투 원』, 이지연 옮김, 한국경제신문사, 2021, 74페이지.

히 우위를 점하기 어렵다면, 이번에는 위 조건에 '맞벌이'를 추가해 더 구체화할 수 있습니다. 여기에 라이프스타일까지 고려하면 '한식 밀키트를 선호하는 전주의 3040으로 아이가 있으며 주말마다 캠핑을 가는 맞벌이 부부'로 차별화를 할 수 있습니다.

이처럼 점점 타깃팅을 세분화해 시장을 좁혀 가면서 브랜드만의 독보적인 위치를 찾을 수 있습니다. 이는 치열한 경쟁 속에서도 차별화를 이루는 효과적인 방법입니다.

08 브랜드 정체성 구축을 위한 외적 요소

이번에는 브랜드 성장을 위한 외적 요소들을 살펴봅니다. 그 내용으로는 비주얼 아이덴티티, 파트너십, 인재상, 커뮤니케이션이 있습니다.

브랜드를 느끼고, 기억하게 하는 '비주얼 아이덴티티'

오감 중 사람들이 가장 민감하게 반응하는 감각은 무엇일까요? 바로 시각입니다. "사람들은 눈에 보이는 것만 믿는다."라는 말이 있을 정도로 시각은 우리의 판단에 막대한 영향을 미칩니다. 눈에 들어오는 첫인상이 모든 것을 결정짓는 경우가 많기에, 브랜드의 비주얼은 첫인상, 즉 얼굴과도 같습니다. 시각적 요소는 브랜드가 전달하려는 메시지와 가치를 직관적으로 보여 주며, 소비자에게 강렬한 첫인상을 남깁니다.

시각적 요소들은 브랜드의 정체성과 가치를 시각적으로 표현해 소비자와의 정서적 연결을 강화하고, 브랜드에 긍정적인 이미지를 형성하는 데 중요한 역할을 합니다. 소비자는 시각적 요소로 브랜드를 느끼고, 기억하며, 선택합니다.

그렇다면 비주얼 아이덴티티는 구체적으로 어떻게 고객에게 노출될까요? 로고, 폰트, 색상이 바로 브랜드의 비주얼 아이덴티티를 제시합니다. 이 세 가지를 중심으로 너무 과하지도 부족하지도 않게 고객에게 다가가는 것이 핵심입니다.

① 로고

과거에는 로고가 브랜드의 모든 것을 대표하는 가장 중요한 시각적 요소였습니다. 로고는 브랜드의 정체성과 이미지를 한눈에 전달하며, 소비자가 브랜드를 인식하고 기억하는 강력한 상징입니다. 로고 하나만으로 그 가치를 직관적으로 떠올리게 하는 힘을 지니고 있기에, 로고는 브랜드의 핵심이자 첫인상입니다.

오늘날에도 로고는 여전히 중요한 역할을 수행하지만, 이제는 멋진 디자인을 넘어 브랜드의 가치를 담아내고 소비자와 감정적으로 연결되도록 만들어야 합니다. 성공적인 로고는 브랜드를 상징하는 것 이상의 의미를 지니며, 브랜드의 스토리와 메시지, 철학을 함축해 강렬한 인상을 남깁니다.

로고가 브랜드의 얼굴이라면, 그 얼굴 속에는 브랜드가 세상에 전하고자 하는 이야기가 담겨 있어야 합니다. 로고는 브랜드와 소비자를 감정적으로 연결하는 다리 역할을 하며, 이 작은 상징 속에서 소비자는 브랜드의 정체성과 가치를 느낍니다. 이 때문에 로고는 브랜드의 영혼을 담아내는 시각적 언어로 작용해야 합니다.

② 폰트

폰트는 브랜드의 객관적 정보를 전달하는 텍스트의 시각적 요소로서, 브랜드의 개성과 감성을 표현합니다. 또한 폰트는 브랜드의 목소리를 시각적으로 구현하여 소비자에게 브랜드의 성격과 메시지를 직관적으로 전달합니다. 이를 일찍부터 인지한 현대카드, 배달의민족 등의 기업은 맞춤형 폰트를 개발해 브랜드 이미지를 더욱 강하게 구축했습니다. 최근에는 지자체에서도 폰트를 개발하고, 무료로 배포하며 자연스럽게 홍보 효과를 창출하기도 했습니다.

현재 한글꼴큰사전에 등록된 글꼴 수는 무려 3,973개에 달합니다. 따뜻한 느낌의 명조체, 세련된 고딕체, 감성을 자극하는 손글씨체 등 다양한 폰트가 존재합니다. 종류가 많은 만큼, 내 브랜드에 어울리는 폰트를 선택하는 것은 쉽지 않은 과제입니다.

중요한 것은 단순히 예쁘거나 개인의 취향에 따라 폰트를 선택하는 것이 아니라, 브랜드가 지향하는 가치와 느낌을 정확히 전달하는 폰트를 선택해야 한다는 점입니다. 폰트는 브랜드의 정체성을 드러내는 첫인상으로 작용하기에, 폰트 선택은 브랜드의 비주얼 아이덴티티를 결정짓는 중요한 과정입니다. 폰트 선택의 기준은 브랜드의 방향성과 맞닿아 있습니다. 어떤 감정을 전달하고 싶은지, 어떤 경험을 제공하고 싶은지를 고민하며 선택해야 합니다. 이 과정을 통해 브랜드는 글자 이상의 이야기를 전달하며, 소비자와의 연결을 더욱 깊이 있게 형성할 수 있습니다.

③ 색상

컬러는 나만의 브랜드의 독창적인 영역을 구축하는 강력한 시각적 언어입니다. 색상은 브랜드의 성격과 가치를 직관적으로 표현하며, 소비자의 기억에 강하게 남는 역할을 합니다. 또한 색상은 브랜드를 더 친근하고 특별하게 느끼도록 만들어 줍니다.

색상마다 고유의 심리적 효과를 지니며, 브랜드가 전달하려는 가치를 명확히 보여 줍니다. 예를 들어 빨간색은 열정과 에너지를 상징하며 활기 넘치는 이미지를 구축합니다. 파란색은 신뢰와 안정감을 줘 믿을 수 있는 브랜드로 자리 잡게 돕습니다. 녹색은 친환경적 이미지를 전달해 지속 가능성과 조화를 추구하는 브랜드로 인식되게 합니다.

성공적인 브랜드는 색상을 전략적으로 활용해 시장에서 독보적인 위치를 차지하며, 소비자에게 일관된 이미지를 심어 줍니다. 코카콜라의 빨강, 스타벅스의 초록, 카카오의 노랑처럼 브랜드는 고유한 색상을 선택해, 존재감을 드러냅니다. 이처럼 색상은 소비자와의 감정적 관계를 풍부하게 만들고, 브랜드가 돋보이도록 하는 중요한 매개체입니다. 또한 색상은 소비자에게 특별한 경험을 제공하는 중요한 전략적 도구로서, 브랜드의 성공과 지속 가능성에 영향을 미칩니다. 따라서 브랜드의 철학과 가치를 잘 표현하고, 차별화된 정체성을 구축할 수 있는 색상을 선택하는 것이 중요합니다.

지금까지 소개한 비주얼 요소는 고객에게 직관적으로 전달되기 때문에, 전문 디자이너에게 맡기는 것이 가장 좋습니다. 저도 디자인만큼은 전문 디자이너의 도움을 받습니다. 하지만 디자이너에게 맡길 여유가 없어 직접 작업해야 하는 경우도 많습니다. 이에 대해 우승우·차상우는 비주얼 아이덴티티를 위해 다음 사항만이라도 챙겨야 한다고 제안[14]합니다. 일관된 색상과 대표 폰트를 사용하고 비주얼 가이드라인을 만드는 것입니다. 일관된 이미지를 노출하고 이와 관련한 가이드라인을 만들면 명확하고 체계적으로 브랜드를 관리할 수 있습니다.

많은 분들이 전문 디자이너와 함께할 여유가 없는 상황일 겁니다. 저 역시 혼자 사업을 시작했을 때, 파워포인트나 그림판 같은 프로그램을 사용해 직접 홍보물을 제작하곤 했습니다. 당시에는 비주얼 아이덴티티 지식이 부족해, 홍보물마다 색상과 폰트가 제각각이라 조잡했습니다.

비주얼 아이덴티티는 우리 브랜드의 첫인상을 결정하는 중요한 요소입니다. 전문적인 디자인이 아니더라도 최소한의 일관된 원칙만으로도 차이를 만들 수 있습니다. 이를 지켜 작업한다면 고객에게 강렬하고 기억에 남는 이미지를 전달할 수 있습니다.

---

14   우승우·차상우, 『창업가의 브랜딩』, 북스톤, 2017, 74~85페이지.

지속하는 브랜드를 위한 '파트너십'

아프리카 격언에 이런 말이 있죠. "빨리 가려면 혼자 가고, 멀리 가려면 함께 가라." 아프리카의 험난한 자연환경에서 먼 길을 안전하게 가기 위해서는 누군가와 함께해야 한다는 통찰을 담은 말입니다. 브랜딩에서도 마찬가지입니다. 브랜딩이라는 긴 여정에서 타인과의 협업은 필수입니다. 그렇다면 과연 '좋은 파트너'란 어떤 사람일까요?

다양한 프로젝트를 진행해 보니 좋은 파트너는 다음과 같은 분들이었습니다. 첫째, 좋은 파트너는 제안하는 사람입니다. 브랜딩 작업에서 저는 기획 및 연구, 설계를 담당합니다. 그리고 파트너들은 제가 구상한 브랜드의 방향을 현실로 구현해 주는 디자이너, 마케터입니다. 그들은 현장에서 고객과 밀착해 일하는 전문가입니다. 함께 기획 회의를 하며 시작하는 것이 가장 이상적이지만, 제가 혼자 설계를 마치고 파트너들이 실행하는 경우도 많습니다. 이때 저는 제가 정해 놓은 방향을 그대로 수행하는 것이 아니라, 현장의 상황과 자신만의 경험을 바탕으로 더 나은 방안을 제안해 달라고 요구합니다. 그리고 그분들이 실무에서 얻은 지식을 바탕으로 적극적으로 아이디어를 제안할 때 짜릿한 전율을 느낍니다. 이러한 경험이 쌓이면 파트너는 단순한 실행자가 아닌, 브랜드의 성공에 기여하는 동반자가 됩니다. 그런 파트너가 있을 때, 기획의 방향은 더욱 명확해지고, 예상치 못한 문제들이 해결되며, 브랜드의 정체성은 더욱 강렬해집니다.

둘째, 좋은 파트너는 '문제 해결력'을 갖춘 사람입니다. 저는 사업을 '끊임없이 문제를 해결하는 과정'이라고 정의합니다. 브랜딩도 마찬가지입니다. 회사를 운영하다 보면 고객의 불만, 팀 내 이견 및 갈등, 예측을 벗어난 시장 반응, 기대에 못 미치는 성과 등을 만나게 되니 하루도 문제없이 지나가는 날이 없습니다. 창업 초기에는 진행하는 프로젝트에 문제가 발생하는 것을 용납하지 못해 하나부터 열까지 직접 점검하고 변수에 대응할 계획을 세워 가며, 파트너를 채찍질하기도 했습니다. 그러나 아무리 완벽하게 준비해도 예기치 못한 문제는 늘 터졌습니다. 통제할 수 없는 상황은 언제든지 찾아왔습니다. 그때 깨달았습니다. 문제를 예방하는 것보다 중요한 것은 '문제에 어떻게 대응하느냐'라는 사실을요. 이를 깨닫자 오히려 사고는 유연해지고 행동은 민첩해졌습니다.

이런 경험을 하며 저는 파트너에게도 같은 사고방식을 기대하게 되었습니다. 따라서 좋은 파트너는 언제, 어디서, 어떤 문제가 발생하더라도 본인의 전문 분야에서 쌓아 온 경험을 바탕으로 문제를 다시 정의하고, 해결 방안을 찾아 주는 사람입니다. 그런 사람과 함께 일할 때 느껴지는 든든함은 말로 표현하기 힘듭니다. 이들과의 협업은 함께하는 과정에서 신뢰가 쌓이고, 결과가 예상만큼 좋지 않더라도 다음을 기약하며 재도전할 힘이 됩니다. 그러면 다음 기회에도 함께하고 싶은 사람으로 남습니다.

이처럼 좋은 파트너는 브랜드의 성장을 함께 이끌어 가는 진정한 동반자로, 브랜드를 지탱하는 든든한 버팀목이 됩니다. 그들은 협력자를 넘어 브랜드의 비전과 가치를 공유하며, 어려운 상황에서도 함께 해결책을 모색하는 지혜로운 조력자입니다. 파트너와 함께하는 브랜딩 여정은 서로의 신뢰와 유대감을 바탕으로 브랜드를 더욱 견고하게 만드는 과정입니다. 이들이 있어 브랜드는 예상치 못한 위기 속에서도 흔들리지 않고, 오히려 더 강해질 수 있습니다.

브랜드의 중요 자산인 '인재상'

기업에서 가장 중요한 자산은 무엇일까요? 바로 사람이죠. 세계적인 베스트셀러 『좋은 기업을 넘어 위대한 기업으로』의 저자 짐 콜

린스는 "그저 사람이 아니라, 적합한 사람"이 기업의 성패를 좌우한다[15]고 말했습니다. 여기서 말하는 적합한 사람이란 회사가 지향하는 가치를 깊이 이해하고 높은 주인 의식을 가진 사람입니다. 하지만 현실에서 이러한 인재를 만나는 것은 쉬운 일이 아닙니다. 특히 요즘처럼 이직과 퇴사가 일상화된 시대에, 적합한 인재 찾기는 마치 사막에서 보석을 찾는 것과 같습니다.

설령 '적합한 사람'을 채용했다 해도, 그들을 오래도록 회사에 남게 하는 것은 더욱 큰 도전입니다. 그래서 화려한 스펙과 경력만을 보고 사람을 뽑는 것이 아니라, 기업의 비전과 문화를 진정으로 이해하고, 함께 성장할 수 있는 동료를 찾는 것이 중요합니다.

인재상은 브랜드의 미래를 결정짓는 중요한 가치입니다. 브랜드의 철학과 가치를 공유하며, 비전을 함께 실현할 수 있는 동료들이 있는 곳에서야말로 진정한 성장과 혁신이 일어납니다. 만약 브랜드의 미래와 고민을 함께 나눌 수 없다면, 최소한 같은 방향을 바라보며 함께 나아갈 수 있어야 합니다. 그렇기에 우리 브랜드에 어떤 인재가 필요한지 명확히 정의하고 인재상을 제대로 세우는 일은 브랜드의 생명력과 지속 가능성을 좌우하는 핵심 요소입니다.

---

15   김태완, '위대한 기업'은 비전 아닌 인재가 일궈낸다, 한경, 2018년 4월 11일 자.

브랜딩 작업을 하다 보면 대표가 열정적으로 브랜드를 이끌어도, 일부 구성원의 태도가 이를 따라가지 못해 브랜드 신뢰가 흔들리는 경우를 자주 봅니다. 아무리 뛰어난 전략을 세우고 시간과 자원을 아낌없이 투입해도, 구성원 한 사람의 무심한 말과 무성의한 태도 하나로 브랜드의 가치는 한순간에 무너질 수 있습니다. 이런 경험을 반복하면서, 저는 컨설팅의 시작을 항상 현장 진단에서 출발하게 되었습니다. 단순히 외부에서 전략만 제시하는 것이 아니라, 직접 현장에 나가 구성원들의 목소리에 귀를 기울이는 것이 기본 원칙이 되었습니다.

아무리 좋은 브랜딩 전략이 도출되어도 구성원들의 동참이 없으면 한 걸음도 떼기 힘듭니다. 브랜드는 단순한 전략이나 캠페인만으로는 완성되지 않습니다. 내부 구성원들의 목소리와 태도가 곧 브랜드의 진정성을 결정짓기 때문입니다. 그래서 컨설팅의 첫걸음은 언제나 직원들과의 대화에서 시작됩니다. 그들의 이야기를 통해 진짜 문제를 찾아내고, 브랜드가 왜 흔들리고 있는지 원인을 파악합니다. 만약 직원들이 회사에 몰입하지 못하고 있다면, 그 이유를 듣고 문제를 해결하기 위한 진단을 합니다. 그러고 나서 흩어져 있는 마음을 하나로 모으기 위해 최선을 다합니다. 결국 브랜드의 진정성은 구성원들이 회사의 가치를 얼마나 이해하고 지지하느냐에 달려 있으며, 이를 해결하지 못하면 어떤 전략도 무용지물이 될 수 있습니다.

물론 모든 직원이 대표와 같은 열정과 성의를 보여 주길 기대하는 것은 현실적으로 무리입니다. 하지만 회사의 가치와 방향에 공감하지 못한 채 일하는 직원들이 있다면, 이는 결국 브랜드의 가치를 갉아먹고 있다는 뜻이기도 합니다. 브랜드를 세우기 위해 외부에서 아무리 공을 들여도, 내부에서 공감하지 못하는 직원들이 그 가치를 훼손하고 있다면, 밑 빠진 독에 물을 붓는 겪입니다. 브랜드의 진정한 힘은 구성원들이 브랜드의 가치를 이해하고 공감하며 함께 지켜 나갈 때 완성될 수 있습니다.

최근 인터널 브랜딩Internal Branding이 많은 주목을 받고 있습니다. 인터널 브랜딩이란 브랜드의 비전, 미션, 가치 등 본질적 요소를 직원들이 깊이 내면화하여, 브랜드의 약속을 자신의 사명으로 느끼도록 만드는 과정입니다. 쉽게 말해 직원들을 내 편으로 만드는 작업입니다. 세계적 PR 컨설팅 기업 에델만의 CEO 리처드 에델만은 "고객을 설득하기 전에 자기 직원들부터 설득해야 한다.[16]"라고 말했습니다. 이 말에 깊이 공감하는 이유는 간단합니다. 직원

---

16 박찬수, 직원을 내편으로 만드는 '내부 브랜딩'을 기억하라, DBR, 1호(2008년 1월).

조차 설득하지 못한다면 고객을 설득하는 것은 불가능에 가깝기 때문입니다. 그래서 직원들을 브랜드의 적극적인 지지자로 동참시키는 것이 브랜딩의 성공에 중요한 한 축이 됩니다.

인터널 브랜딩은 단순한 내부 교육을 넘어, 직원들이 브랜드의 가치를 체화하고 자긍심을 느끼며, 그 열정과 신념을 고객에게 자연스럽게 전달하도록 만드는 필수적인 전략입니다. 직원들이 브랜드의 약속을 자신의 일처럼 여기고, 브랜드를 스스로 대표하게 될 때, 진정한 브랜드의 힘이 발현됩니다. 직원들을 브랜드의 적극적인 지지자로 동참시키는 것이야말로 브랜드의 가치를 외부로 확산시킬 수 있는 중요한 전략임을 잊지 마시길 바랍니다.

홍성태 교수는 저서인 『모든 비즈니스는 브랜딩이다』에서 인상 깊은 일화를 소개합니다. 그는 애플에서 근무하는 한국계 임원을 만나 "한국의 전자업체들이 언젠가 애플을 따라잡을 날이 오지 않겠느냐?"고 질문했다고 합니다. 이에 그 임원은 한국 기업들도 그렇게 되기를 희망한다면서도 "하지만 한국 기업의 임직원들에게 '당신의 회사가 무엇을 하는 회사냐'고 물으면 각기 다른 대답을 할 가능성이 큽니다. 반면 애플의 직원들은 모두 같은 목소리를 냅니다. 그 점이 무서운 것 같습니다."라고 답했다[17]고 합니다.

애플의 직원들이 같은 목표와 가치를 공유하며 한목소리를 낼수 있는 이유는, 비전과 미션, 가치 등 브랜드의 본질을 전 직원이 깊이 내재화하고 있기 때문입니다. 이처럼 강력한 브랜드 파워를 가진 회사의 직원들은 모두가 하나의 목표를 향해 나가며, 고객에게도 동일한 경험과 메시지를 전달합니다. 브랜드가 추구하는 가치를 직원들이 얼마나 내면화하고 있는지가 브랜드의 진정한 경쟁력을 결정짓는 요소가 될 수 있음을 잊지 마시길 바랍니다.

---

17   홍성태, 『모든 비즈니스는 브랜딩이다』, 쌤앤파커스, 2012, 119페이지.

인터널 브랜딩 평가 항목

구성원들이 브랜드의 비전과 가치를 한마음으로 공유하고 있는지 확인하기 위해, 제가 현장에서 진행하는 '인터널 브랜딩 평가 항목 5가지'를 소개합니다. 이 항목들은 최소한의 질문으로 브랜드가 내부적으로 얼마나 일관성 있게 운영되고 있는지를 진단하는 데 유용합니다. 구성원들과 함께 작성하고, 서로 작성한 답변을 공유하며 같은 방향을 바라보고 있는지 비교해 보시기 바랍니다. 타인의 답변에 영향을 받지 않도록 반드시 개별적으로 작성해야 합니다.

1) 우리 브랜드를 한 줄로 설명한다면?
2) 브랜드의 핵심 키워드 세 가지는?
3) 우리 브랜드의 타깃은?
4) 우리 브랜드의 경쟁력(강점)은?
5) 우리 브랜드의 향후 1년 목표는?

고객과 신뢰를 쌓는 과정, 커뮤니케이션

브랜드 정체성 구축에서 커뮤니케이션은 말 그대로 고객과의 대화, 의사소통을 어떻게 할 것인지 설정하는 것입니다. 이를 통해 브랜드는 그 방향을 세상에 명확히 알릴 수 있습니다. 커뮤니케이션은 브랜드와 고객, 그리고 내부 구성원 간의 깊은 연결을 형성하고, 공감을 이끌어 내며 신뢰를 쌓는 중요한 역할을 합니다. 커뮤니케이션으로 브랜드는 가치와 철학, 신념을 전달합니다.

커뮤니케이션 방식은 매우 다양합니다. 블로그, 인스타그램, 유튜브와 같은 SNS부터 뉴스레터, 리플릿, 전단지, 안내 문자까지, 고객에게 메시지를 전달하는 모든 활동이 커뮤니케이션입니다. 각기 다른 채널과 형식을 통해 브랜드의 가치를 전달하고, 고객과의 접점을 넓혀 가는 것이죠. 중요한 것은 방식과 상관없이, 고객에게 브랜드의 모습을 보여 주고 이야기를 들려주는 모든 접점이 커뮤니케이션이라는 점입니다. 이때 전략적이고 일관된 메시지를 관리하지 않으면, 고객은 브랜드에 혼란을 느낄 수 있습니다. 그렇기에 커뮤니케이션은 브랜드의 일관된 이미지와 가치를 체계적으로 보여 주는 중요한 전략적 요소입니다.

사람들은 대화할 때 생각과 가치관을 바탕으로 말하고, 때와 장소, 상대방이 누구인지에 따라 표현을 조절합니다. 브랜드도 마찬가지입니다. 브랜드의 커뮤니케이션도 자신의 철학과 정체성을 기반으로 메시지를 전달하며, 상황과 대상에 따라 그 표현 방식을 조정하는 유연함을 보여야 합니다.

이러한 유연함은 브랜드 커뮤니케이션이 일방적인 정보 제공이나 전달로 그쳐서는 안 된다는 것을 의미하기도 합니다. 우리가 자기 할 말만 하고, 가르치려고 드는 사람을 '꼰대'라고 부르듯이, 브랜드도 자기 자랑만 늘어놓는 방식으로 소통한다면 '꼰대 브랜드'로 비칠 수밖에 없습니다. 고객과의 대화는 쌍방향이어야 하며, 고객의 목소리에 귀 기울이고 그들의 이야기에 공감하는 태도가 필요합니다.

또한 커뮤니케이션의 목적이 노출되어서는 안 됩니다. 최근 소셜미디어에서는 숏폼 콘텐츠가 브랜드 커뮤니케이션의 주요 수단으로 자리 잡고 있습니다. 짧고 강렬한 아이디어, 그리고 개성이 돋보이는 콘텐츠를 보면 크리에이터로서 탁월한 역량이 느껴져 감탄을 자아냅니다. 하지만 이러한 형식은 소셜미디어의 알고리즘에 최적화되어야 더 많이 노출되기에, 브랜드의 색깔을 잊고 콘텐츠 자체의 재미에만 초점을 맞추는 경우가 많습니다. 조회수와 노출이 목적이 아닌데도, 자꾸 그 숫자에 집착하게 되는 모습도 종종 볼 수 있습니다.

그 결과 브랜드가 전달하려는 메시지나 가치가 흐려지기도 합니다. 트렌드를 따라가는 것도 중요하지만, 브랜드가 지닌 고유의 정체성을 담아내지 못하면 소비자와의 깊은 연결을 만들어 내기 어렵습니다. 브랜드 커뮤니케이션의 진정한 목적은 브랜드만의 독창성과 가치를 명확히 보여 주며, 소비자와의 지속적인 관계를 형성하는 데 있음을 기억해야 합니다. 그러므로 숏폼 콘텐츠를 활용할 때에도 '우리 브랜드는 어떤 이야기를 전하고 싶은가?'라는 본질적인 질문을 늘 되새기는 것이 중요합니다. 유행을 좇되, 그 속에서도 브랜드의 진정성을 놓치지 않아야 합니다.

마지막으로 커뮤니케이션 채널 선택의 핵심은 바로 '내가 가장 즐길 수 있는 것'입니다. 커뮤니케이션은 신뢰를 쌓는 과정이기 때문에 얼마나 꾸준히, 일관되게 소통할 수 있는지에 성패가 달려 있습니다. 예를 들어 유행한다고 해서 단순히 유튜브를 선택했다 흥미를 잃고 중간에 그만두는 실수를 하면 안 됩니다. 사람 사이에도 연락을 자주 주고받다가 바쁘다는 이유로 뜸해지면 관계가 소원해지듯이, 브랜드도 고객과의 커뮤니케이션이 끊기면 열심히 쌓아 온 관계의 자산이 순식간에 무너질 수 있습니다.

브랜드와 고객 간의 대화가 지속적으로 이어지기 위해서는 내가 가장 잘할 수 있고, 꾸준히 즐길 수 있는 채널을 선택하는 것이 중요합니다. 누군가에게는 긴 글을 쓰기 편한 블로그가 적합할 수 있고, 다른 누군가에게는 영상을 만드는 재미 때문에 유튜브가 최고의 채널일 수 있습니다. 중요한 것은 나만의 방식으로, 지속적인 대화를 이어 가는 것입니다. 꾸준함은 신뢰를 쌓는 강력한 무기입니다. 자신이 잘할 수 있는 방법을 찾아 고객과의 대화를 지속해 나가십시오. 그것이 고객과 진정으로 연결될 수 있는 확실한 길입니다.

사람 간의 대화가 신뢰와 이해를 쌓는 과정이듯, 브랜드도 고객과 지속적으로 대화하며 관계를 형성하고 공감을 얻어야 합니다. 이러한 소통의 과정은 브랜드를 고객의 삶에 자연스럽게 스며드는 특별한 존재로 만들어 줍니다. 진정한 소통은 브랜드의 가치를 강화하고, 고객과의 관계를 공고히 하며, 장기적으로 지속 가능한 성장의 기반이 됩니다. 이 모든 과정이 모여 브랜드는 소비자에게 단순한 제품 그 이상으로 자리 잡게 됩니다.

브랜드 정체성을 강화하는 법

지금까지 브랜드 정체성 구축을 위한 내외적 요소를 살펴보았습니다. 그렇다면 브랜드의 정체성은 어떻게 강화될 수 있을까요? 정신분석용어 사전은 정체성을 "내면에서 일관된 동일성을 유지하는 것"이라고 정의합니다. 그렇다면 브랜드는 어떻게 일관된 동일성을 꾸준히 유지하고 강화할 수 있을까요?

저는 그 답을 영화감독인 쿠엔틴 타란티노의 인터뷰에서 찾았습니다. 쿠엔틴 타란티노는 독창적인 스타일과 독특한 서사 구조 연출로 유명한 거장입니다. 봉준호 감독이 〈기생충〉으로 아카데미 시상식에서 수상 소감을 발표할 때, 쿠엔틴 타란티노에 대한 애정의 메시지를 보내면서 국내에 많이 알려지기도 한 감독입니다. 세계적인 감독인 그는 정식으로 영화 학교에 다닌 적이 없습니다. 그저 혼자서 광적으로 영화를 시청하고 비디오 가게에서 일하며 독학으로 영화 제작을 배웠다고 합니다. 그렇게 거장의 반열에 오른 그가 한 인터뷰에서 영화를 시작하려는 사람들에게 다음과 같이 말했습니다.

"영화를 만드는 방법을 굳이 알 필요는 없어요. 당신이 진정으로 영화를 사랑한다면, 온 마음을 다해 사랑한다면, 그리고 충분한 열정이 있다면, 좋은 영화를 만들지 않을 수가 없어요. 카메라 렌즈, 촬영 기법과 같은 건 중요하지 않아요. 그저 당신이 진정으로 영화를 넘치는 열정으로 사랑한다면, 좋은 영화를 만들지 않을 수가 없어요."

저는 그의 인터뷰를 볼 때마다 가슴이 뜨거워집니다. 진정으로 자신의 일을 사랑하고, 주어진 현실의 한계를 넘치는 열정으로 이겨 낼 때, 그 순간이야말로 강력한 브랜드 정체성이 형성되는 것 아닐까요? 그러니 여러분도 마음속에 뜨겁게 자리 잡고 있는 '진실된 사랑'과 '넘치는 열정'을 아무리 현실에 치여도 저버리지 마시길 바랍니다. 그것이야말로 아무리 높은 파도가 몰아쳐도 뚫고 나갈 수 있는 원동력이 될 것입니다.

09 고객의 마음에 자리 잡기 위한 브랜드 콘셉트

브랜드의 의미를 발견하고 정체성을 구축했다면, 이제는 콘셉트를 잡을 차례입니다. 콘셉트란 무엇일까요? '콘셉트concept'라는 단어는 라틴어 'concipere'에서 유래했습니다. 이는 '함께con'와 '받아들이다capere'의 합성어로, '아이디어를 함께 잡아낸다' 혹은 '포착한다'라는 뜻을 가지고 있습니다. 이 개념은 시간이 지나면서 '생각, 개념'을 의미하는 'conceptum'으로 발전했고, 이후 영어의 'concept'로 정착되었습니다. 어원의 의미를 살펴보면, 콘셉트는 무언가를 잡고, 받아들이며 새로운 아이디어를 형성해 내는 과정이라는 것을 알 수 있습니다.

브랜드의 상징적 콘셉트와 기능적 콘셉트

브랜드에서 콘셉트란 무엇을 의미할까요? 어원에서 유래한 '특정 생각이나 개념, 아이디어를 잡아낸다'는 의미에서, 콘셉트는 브랜드의 특정 이미지나 개념을 떠오르게 합니다. 즉, 콘셉트는 특정 이미지와 개념을 떠오르게 하는 브랜드의 상징이자 특징입니다. 상징과 특징은 그 뜻과 의미가 다릅니다. 브랜딩에서도 각각의 개념을 제대로 이해하고 구분해 활용하는 것이 중요합니다.

상징은 특정한 개념, 사상, 감정 등을 대표하거나 나타내며, 의미나 가치를 부여하고 전달하는 역할을 합니다. 예를 들어 비둘기는 평화, 빨간 장미는 사랑, 부엉이는 지혜와 지식을 상징합니다.

특징은 사물의 본질적이고 고유한 성질이나 속성으로, 대상의 정체성을 규정하고 다른 것과 구별하게 합니다. 예를 들어 기린의 긴 목, 친구의 큰 키, 0칼로리 소주와 같은 것이 특징에 해당합니다.

브랜드에서 상징은 브랜드의 철학, 가치, 감정을 한눈에 전달하는 강력한 도구입니다. 나이키의 로고 스우시Swoosh는 승리와 도전을 상징하며, 소비자에게 브랜드의 정신을 각인시킵니다. 상징은 또한 브랜드와 소비자 간의 감정적 유대감을 형성하는 데 중요한 역할을 합니다. 경쟁 브랜드와 차별화된 이미지를 구축해 브랜드를 기억하게 하고, 소비자가 쉽게 인식할 수 있도록 돕기도 합니다.

브랜드가 상징을 가진다는 것은 정서적 가치를 콘셉트로 표방한다는 의미입니다. 이를 '상징적 콘셉트'라고 합니다. 상징적 콘셉트의 대표적인 예는 명품 브랜드입니다. 명품은 사회적 우월감, 성공, 부유함을 상징하며, 이러한 상징을 통해 소비자에게 정서적 가치를 전달합니다. 명품 브랜드의 상징은 제품 이상의 사회적 지위를 나타내며, 소비자와 브랜드 간의 깊은 감정적 연결을 만들어 냅니다.

브랜드의 특징은 제품과 서비스의 구체적인 가치를 전달하여, 브랜드의 실질적인 장점과 우수성을 설명하고 소비자에게 선택할 합리적인 이유를 제공합니다. 예를 들어 다이소는 저렴한 가격에 질 좋은 제품을 제공함으로써 '가성비'라는 강력한 특징을 가지고 있습니다. 이처럼 브랜드는 기능적 측면에서의 우수성을 보여 주어 신뢰성을 높이고, 소비자들이 실질적인 혜택을 기대할 수 있도록 합니다. 또한 브랜드가 제공하는 성능, 품질, 서비스 등을 강조하여 소비자가 실제로 얻을 수 있는 이점을 명확히 전달합니다. 이러한 과정은 브랜드의 기능적 가치를 표방하는 것으로 '기능적 콘셉트'에 해당합니다.

브랜드 콘셉트에서 상징과 특징은 모두 중요한 역할을 합니다.

각각의 역할에 따라 중요성이 달라지며, 때로는 두 요소가 상호 보완적으로 작용하기도 하고, 특정 상황에서는 하나가 더 강조될 수도 있습니다. 브랜드가 소비자에게 강한 첫인상을 남기고 정체성을 확립해야 하는 초기 단계에서는 상징이 더 중요한 역할을 할 수 있습니다. 상징은 브랜드의 이야기를 시각적으로 전달하고, 브랜드의 핵심 가치를 짧고 강렬하게 표현합니다.

브랜드가 어느 정도 인지도를 쌓고 나서 제품과 서비스의 구체적인 강점을 전달해야 하는 단계에서는 특징이 더 중요해집니다. 이 단계에서는 소비자가 브랜드의 실질적인 장점을 인식하고, 반복 구매를 하도록 유도하는 것이 핵심입니다.

상징은 소비자에게 브랜드의 정체성을 전달하는 데는 유용하지만, 제품의 구체적인 성능이나 혜택을 즉각적으로 전달하기는 어렵습니다. 따라서 초기 단계에 당장 매출을 올려야 하는 상황이라면 특징을 강조하는 전략이 더 효과적일 수 있습니다.

이 외에도 서브웨이처럼 소비자가 직접 재료를 선택하는 즐거운 경험을 콘셉트로 내세운 경험적 콘셉트, 테슬라처럼 기술적 혁신과 창의성을 강조하는 혁신적 콘셉트, 과거의 감성을 현대에 맞게 재해석하는 레트로 콘셉트 등 다양한 형태가 존재합니다. 중요한 것은 어떤 것을 선택하느냐에 따라 브랜드의 이미지와 방향성이 달라진다는 점입니다. 또한 콘셉트를 통해 브랜드는 소비자와 어떻게 연결될지, 어떤 가치를 전달할지를 명확히 설정하게 됩니다.

그렇다면 콘셉트는 어떻게 잡으면 될까요? 먼저 알아야 할 점은 콘셉트가 기발하거나 창의적이어야 한다는 생각에 뜬금없는 곳에서 아이디어를 끌어오려고 하면 안 된다는 점입니다. 중요한 것은 지금까지 논의된 브랜드의 의미와 정체성에서 도출된 요소들을 하나의 강력한 콘셉트로 승화시키는 것입니다. 브랜드의 본질과 가치, 그리고 소비자와의 연결점을 깊이 이해하고 이를 바탕으로 콘셉트를 잡는 것이 핵심입니다. 이를 위해 저는 다음의 세 가지 질문을 항상 던집니다.

브랜드 콘셉트 질문 1: 고객의 어떤 문제를 해결해 줄 것인가?

좋은 콘셉트는 고객의 문제와 가까이 있습니다. 따라서 고객이 현재 처한 상황과 문제를 면밀히 살펴보고, 우리 브랜드가 그 문제를 어떻게 해결할 수 있을지 깊이 고민하는 것이 출발점입니다. 고객이 일상에서 겪는 고충은 무엇일까요? 그들이 미처 인식하지 못한 숨겨진 니즈는 무엇일까요? 이 질문에 대한 답이 명확해질 때, 브랜드는 제품이나 서비스 이상의 의미를 지니게 됩니다. 브랜드는 삶의 해결책이 되고, 이는 곧 강력한 콘셉트로 이어질 수 있습니다.

이때 가장 중요한 것은 고객의 문제에 진정으로 공감하는 것입니다. 고객의 문제를 겉핥기식으로 이해한다면 엉뚱한 해결책을 제시할 수밖에 없습니다. 뉴스에서 '월요병' 해결 방법을 논의하는 장면을 본 적이 있습니다. 그때 패널로 출연한 한 기자가 "월요병이 심하면 일요일에 잠깐 출근해 미리 일하면 도움이 된다."라고 말했는데, 참으로 황당했습니다. 월요병이 정말 심각한 사람이라면, 도저히 떠올릴 수 없는 해결책이기 때문입니다.

고객의 고충을 진심으로 이해하고 공감하는 것이야말로 콘셉트를 잡는 데 중요한 첫걸음입니다. 고객이 어떤 상황인지, 그들이 느끼는 불편함이 무엇인지, 그리고 그 불편함을 해결하기 위해 어떤 감정과 욕구를 가지는지를 깊이 공감할 때, 비로소 고객의 마음을 움직이는 콘셉트가 도출됩니다.

① 사람들이 겪는 문제는 육아와 같다?

한 포럼에서 사람들이 겪는 문제는 크게 세 가지로 구분된다는 내용을 본 적이 있습니다. 첫 번째는 단순한 문제Simple입니다. 이는 반복적인 수행만으로도 해결될 수 있는 문제로, '케이크 만들기'

에 비유할 수 있습니다. 두 번째는 어려운 문제Complicated입니다. 이 문제는 다양한 프로세스가 필요하고, 꾸준한 연구와 투자, 실험이 필요한데, '달에 로켓 보내기'에 비유할 수 있습니다. 세 번째는 난해한 문제Complex로, 이는 '아이 양육하기'에 해당됩니다. 완벽한 단일 솔루션이 없으며, 외부의 자원을 활용하고 협업이 필요한 문제입니다.

아이를 키우는 분들이라면 공감할 것입니다. 저 역시 아이가 둘인데, 육아는 좀처럼 계획대로 되지 않습니다. 어제와 오늘이 다르고, 아이들의 마음은 매번 달라지니 따라가기가 쉽지 않습니다. 또한 맞벌이로 바쁜 부모에게 육아는 항상 버겁기 마련입니다. 그래서 종종 양가에 도움을 청하는 게 현실입니다.

이처럼 육아가 부모의 노력만으로는 해결할 수 없는 복합적인 문제이듯, 사람들이 겪는 문제도 마찬가지입니다. 환경 문제, 저출생, 건강, 취업 등은 개인만의 문제가 아니라, 사회적·환경적·문화적 요소들이 복합적으로 얽힌 결과입니다. 요즘 사람들이 겪는 문제는 단순한 개인의 문제가 아니기에, 그 문제를 해결하기 위해서는 깊은 공감이 필수적입니다. 그렇지 않다면 뉴스의 기자처럼 엉뚱한 해결책을 내놓게 됩니다.

문제의 복잡성을 이해하고 이를 해결하기 위해서는 문제의 본질을 깊이 파악하고 그 안에서 필요한 접근 방식을 찾아야 합니다. 이제는 혼자만의 힘으로는 문제를 해결할 수 없는 시대입니다. 협력과 공감이 필수입니다. 고객의 이야기를 듣고, 그들의 입장에서 문제를 바라보며, 함께 해결해 나가는 과정에서 진정한 가치를 만들어 낼 수 있습니다.

② 문제 해결에 주목한 브랜딩 사례

에어비앤비는 여행객이 겪는 숙박 문제를 해결하는 데서 출발했습니다. 호텔은 비싸고, 현지의 문화를 제대로 느끼기 어렵다는 문제가 있었습니다. 에어비앤비는 이러한 문제를 해결하기 위해 '현지인처럼 머물며 집 같은 편안함을 제공하자'는 콘셉트를 도출했습니다. 고객이 새로운 도시에서 현지 생활을 경험할 수 있도록 특별한 해결책을 제공했습니다. 에어비앤비는 숙박 자체를 여행의 일부로 재구성하며, 고객에게 현지 문화를 직접 체험할 기회를 제공했습니다.

넷플릭스는 전통적인 케이블 TV의 불편함을 해결하기 위해 탄생했습니다. 기존 케이블 TV는 정해진 시간에 시청해야 하고, 원하는 프로그램을 찾기 어렵다는 한계가 있었습니다. 넷플릭스는 이러한 문제를 해결하기 위해 '언제 어디서나 원하는 콘텐츠를 자유롭게 즐길 수 있다'라는 콘셉트를 도출했습니다. 고객에게 시간과 장소의 제약 없이 콘텐츠를 시청할 수 있는 자유로운 경험을 제공하며, 엔터테인먼트 소비 방식을 완전히 바꾸어 놓았습니다. 넷플릭스는 고객이 원하는 방식으로 즐길 수 있는 시청 경험으로 시장을 혁신했습니다.

스타벅스가 바라본 고객의 문제는 바쁜 일상 속에서 잠시 쉴수 있는 편안한 공간의 부재였습니다. 스타벅스는 이 문제를 해결하기 위해 '집과 직장 사이, 편안하고 아늑한 제3의 공간'이라는 콘셉트를 도출했습니다. 이는 스타벅스를 고객이 잠시 머물며 편안함을 느낄 수 있는 특별한 공간으로 만들었습니다. 스타벅스는 커피 한 잔을 넘어선 경험을 제공하며, 고객에게 일상 속의 휴식과 감성적 유대감을 형성하는 브랜드로 자리 잡았습니다.

③ 깊이 있는 브랜딩 공부를 위한 BBB북클럽

BBB북클럽은 제가 운영하는 독서모임입니다. 상반기와 하반기, 두번 진행되며 총 8회 과정입니다. 매주 월요일 새벽 5시 30분에 온라인으로 모여 1주일에 한 권의 책을 읽고 2시간 동안 열립니다. 1시간은 참가자들이 발제문을 보며 자신의 의견을 나누고, 나머지 1시간은 제가 고른 책을 주제로 강의를 합니다. 참가비는 회당 5만

원이며, 소수 정예로 진행하고 있습니다.

제가 BBB북클럽을 하게 된 이유는 브랜딩을 체계적으로 배울 환경이 거의 없기 때문입니다. 브랜딩은 트렌드에 민감한 분야이기에, 대부분의 교육이 사례 중심으로 진행됩니다. 기초 개념 학습을 위한 내용이 부족한 경우가 많습니다. 그래서 대학교에서 진행하는 한 학기 수준의 수업을 독서모임에 압축해 프로그램을 만들었습니다. 그것이 바로 '브랜딩·마케팅을 전공하지 않았지만, 기초부터 깊게 공부하고 싶은 사람들'을 위한 독서모임입니다. 이 과정에서 도출된 BBB북클럽의 콘셉트는 '비전공자를 위한 브랜딩 수업'입니다. 단순한 독서모임을 넘어, 체계적이고 깊이 있는 학습을 원하는 이들에게 필요한 환경을 제공하고 싶었습니다.

이렇게 시작된 북클럽은 멤버들과 함께 공부하며 성장해 왔습니다. 매년 1회 이상 정기 모임도 하며 관계를 이어 가고 있습니다. BBB북클럽은 배우고 소통하며 브랜딩의 본질을 탐구하는 공간입니다. 이곳에서 저와 멤버들은 경험과 지식을 나누고, 서로를 지지하며 그 과정 속에서 성장의 발판을 마련하고 있습니다.

고객의 문제를 해결하는 브랜드는 그 자체로 특별한 가치를 지닙니다. 고객의 삶을 더 나아지게 만드는 것이 바로 브랜드의 존재 이유입니다. 고객의 문제를 해결하는 브랜드는 사람들의 삶에 긍정적인 변화를 일으키며, 필요한 존재가 됩니다.

여러분의 브랜드가 해결할 문제를 깊이 생각해 보세요. 그 문제는 고객에게 얼마나 큰 영향을 미치고 있나요? 고객이 당신의 브랜드를 선택해 경험할 변화는 무엇인가요? 이 질문에 답이 명확할수록, 콘셉트는 더욱 강력하고 차별화될 것입니다.

브랜드 콘셉트 질문 2: 어떠한 마음으로 브랜드를 시작했나?

레고는 창업자 올레 키르크 크리스티안센이 경제적 어려움 속에서 시작한 작은 장난감 사업에 불과했습니다. 그러나 그는 "놀이를 통해 창의력을 키운다."라는 신념을 품고 조립식 블록을 개발했습니다. 그 결과 레고는 무한한 상상력을 발휘할 수 있는 장난감으로 자리 잡았습니다. 크리스티안센의 창업 초기의 열정과 각오는 '아이들의 창의력과 상상력을 키우는 교육적 도구'라는 레고의 콘셉트로 이어진 겁니다. 레고는 이제 설립 이후 90년이 넘도록 전 세계 어린이들의 사랑을 받는 브랜드가 되었습니다.

가정에서 즐기는 개인 맞춤형 피트니스 경험을 제공하는 펠로톤은 창업자 존 폴리의 신념, "바쁜 일상 속에서도 고급 피트니스 경험을 집에서 즐길 수 있어야 한다."에서 시작되었습니다. 펠로톤은 고급 피트니스 장비와 온라인 스트리밍 수업을 결합해, 사용자가 집에서 라이브로 트레이너의 지도를 받게 했습니다. '어디에서나 경험하는 최고의 피트니스'라는 콘셉트를 통해 펠로톤은 기존의 피트니스 방식을 혁신하며, 팬데믹 동안 폭발적인 인기를 끌었습니다.

고프로는 창업자 닉 우드먼이 서핑을 하면서 자신의 경험을 기록하고 싶은 열망에서 시작된 브랜드입니다. 그는 "모든 사람이 자신의 모험을 직접 기록할 수 있도록 하자."라는 신념으로 작고 강력한 액션 카메라를 개발했습니다. 그것이 바로 많은 사람이 사용하는 고프로 카메라입니다. 고프로는 소비자가 모험과 일상을 창의적으로 기록할 수 있는 도구를 제공하며, '모험을 기록하는 카메라'라는 강력한 콘셉트로 자리 잡았습니다.

① 청년 문제는 청년이 직접

제가 사업 초기에 운영하던 문화기획사는 청년을 주요 고객으로 설정한 회사였습니다. 당시 저는 치열한 경쟁 속에서 청년들이 겪는 정서적 고립감과 우울감 등의 문제에 공감하며 회사를 시작했습니다. 그러니 청년이 타깃인 것은 당연했습니다.

그 시기, 청년 문제에 대한 사회적 관심이 점차 높아지고 있었지만, 해결 주체로 나선 사람들은 기성세대였습니다. 물론 청년을 위한 그들의 노력은 감사했지만, 청년이 아닌 사람들이 청년 문제를 논의하고 해결하는 과정에서 불편함을 느꼈습니다.

그래서 저는 '당사자성'을 이야기하며 '청년 문제는 청년이 직접 해결한다'라는 콘셉트를 표방했습니다. 이는 청년들을 지원의 대상으로만 바라보는 기존의 인식을 뒤엎는 접근이었고, 청년들이 직접 문제 해결의 주체로 나설 수 있는 계기를 마련했습니다. 시간이 흐르면서 이 콘셉트는 지역사회에 퍼져 나갔습니다. 그 결과 저는 전주 청년 다울마당 거버넌스 부위원장, 전북 청년 조례 제정위원회 위원으로 활동하는 등 정책에 참여하여 직접 목소리를 낼 소중한 기회를 얻었습니다.

브랜드의 주체인 여러분의 마음이 담긴 콘셉트는 공감을 불러일으킵니다. 나의 브랜드가 무엇을 위해 시작되었는지, 그 순간의 열정과 신념이 콘셉트에 녹아들 때, 브랜드는 사람들의 마음속에 뜨겁게 자리 잡을 수 있습니다.

브랜드 콘셉트 질문 3: 단 하나, 나만의 길은 무엇인가?

많은 분이 콘셉트에서 오해하는 부분이 있습니다. 브랜드의 장점들을 콘셉트화해 상황에 맞게 제시하면 좋은 효과를 거둘 수 있을 것으로 생각하는 것입니다. 결론부터 말씀드리자면, 이는 잘못된 접근입니다.

브랜드의 여러 강점을 다양한 콘셉트로 보여 줄수록 소비자는 혼란을 느낍니다. 브랜딩은 브랜드의 존재를 명확히 인식시키는 과정입니다. 따라서 이러한 접근은 오히려 인식을 어렵게 합니다. 브랜드의 일관성이 흐려지고, 소비자에게 각인되는 이미지도 희미해집니다. 브랜딩에서는 하나만 남기고 나머지는 모두 버리는 과감함이 필요합니다. 브랜드의 가치, 강점, 철학이 응축된 단 하나의 '콘셉트'만 남기는 겁니다. 명확한 하나의 콘셉트가 소비자의 마음에 깊이 스며들어 강력한 인식을 만듭니다.

파타고니아는 다양한 제품과 뛰어난 기술력, 디자인을 갖췄지만, '환경보호와 지속 가능성'이라는 하나의 명확한 콘셉트에 집중했습니다. 브랜드는 '지구를 보호하라'는 메시지를 중심으로 제품과 마케팅 활동을 일관되게 연결하며, 소비자에게 더 적게 사고 오래 사용할 것을 권장했습니다. 만약 파타고니아가 여러 강점을 각각의 콘셉트로 홍보했다면, 소비자들은 브랜드의 핵심 메시지를 이해하기 어려웠을 것입니다. 하지만 '지속 가능성'에 집중해 파타고니아는 브랜드 차별화에 성공했습니다.

무인양품은 복잡한 디자인이나 화려한 포장을 지양하고, '단순함'이라는 콘셉트에 집중한 브랜드입니다. 제품의 불필요한 요소를 제거하고 기본에 충실한 디자인으로 소비자에게 '간결하고 실용적인 라이프스타일'을 제안합니다. 매장의 인테리어와 제품 진열 방식 역시 단순함을 강조해, 브랜드의 철학이 모든 접점에서 일관되게 느껴지도록 했습니다. 무인양품이 만약 다양한 디자인과 우수한 기능성, 인테리어 등을 마케팅에 내세웠다면, 다른 브랜드와 차별화되기 어려웠을 것입니다. '단순함'에 집중하면서, 소비자에게 복잡한 일상에서 벗어나고 싶은 마음을 공감하게 만들었습니다. 그 결과 무인양품은 단순한 삶의 방식을 제안하는 브랜드로 자리 잡았습니다.

#FFFFFFT(시로티)는 도쿄에 있는 세계 최초의 흰 티셔츠 전문 편집숍입니다. 이곳에서는 오직 흰 티셔츠를 판매합니다. 이와 함께 베이지, 핑크 화이트 등 색상의 미묘한 차이와 V넥, U넥, 라운드넥 등 다양한 디자인으로 흰 티셔츠의 무한한 변주를 선보입니다. 원단의 두께와 촉감, 소매와 밑단의 길이, 모양까지 세심하게

구분하여, 수많은 선택지를 제공합니다. 이 때문에 흰 티를 사랑하는 사람들에게 큰 인기를 끌고 있습니다. 창업자 나츠메 타쿠야는 "흰색은 개성이 없는 게 아니라 개성을 드러내 준다."라는 철학을 바탕으로 오직 흰 티만 고집합니다. 그 결과 구매 전환율은 무려 90%를 넘습니다.[18] 흰색에 대한 집중과 고집이 오히려 브랜드를 매력적으로 만들었고, 단순함 속에서 무한한 가능성을 발견하는 브랜드의 본질을 여실히 보여 줍니다.

퍼펙트보다는 임팩트

영화를 좋아하는 지인에게 들은 이야기입니다. 박찬욱 감독은 영화를 제작할 때, 작품의 상징이 될 '한 장면'에 심혈을 기울인다고 합니다. 사람들은 영화의 모든 장면을 기억하지 못하지만, 그 '한 장면'은 영화를 강렬히 기억하게 만들기 때문입니다.

사람도 마찬가지 아닐까요? 이것저것 다 잘하는 제너럴리스트가 많은 일을 할 수 있을지 모르지만, 사회적으로 두각을 나타내

---

18   시티호퍼스, 흰티만 팔아도 구매전환율 90%… 그 가게 마케팅의 비결은?, 중앙일보, 2023년 3월 30일 자.

는 사람들은 한 분야에서 탁월한 스페셜리스트입니다. 스페셜리스트에 대한 신뢰와 기대는 더 크며, 우리는 그런 사람을 프로나 장인이라고 부르며 존경을 보냅니다. 브랜드도 이와 다르지 않습니다. 아무리 많은 강점을 가졌더라도, 그것들이 하나의 콘셉트로 집중되지 않으면 브랜드의 빛은 희미해집니다.

"완벽함이란, 더 보탤 것이 없을 때가 아니라, 더 이상 뺄 것이 없을 때 완성된다."[19] 『어린 왕자』의 작가 생텍쥐페리의 말은 브랜드의 콘셉트를 꿰뚫고 있습니다. 브랜드는 많은 것을 더하려는 욕심이 아닌, 불필요한 것들을 덜어 내고 핵심에 집중할 때 비로소 드러납니다. 단순함 속에서 본질을 남길 때, 브랜드는 가장 강렬하게 빛나며 사람들의 마음속에 각인됩니다.

콘셉트 도출을 위한 세 가지 질문을 설명했지만, 이 외에도 콘셉트의 결정체를 만들어 내기 위해서는 많은 정화 과정을 거쳐야 합니다. 이 과정에서는 브랜드의 의미, 정체성뿐만 아니라 개인적으로 가지고 있는 인사이트와 경험도 복합적으로 작용합니다. 같은 재료를 써도 요리사의 레시피와 손맛, 경험에 따라 전혀 다른

---

19   배수강, "방탄소년단? 세계인들 입맛에 맞는 'K-pop 비빔밥'이죠", 주간동아, 2018년 1월 9일 자.

음식이 만들어지듯, 콘셉트도 마찬가지입니다. 콘셉트를 위한 많은 공식이 존재하지만, 가장 중요한 것은 자신의 제품이나 서비스에 대한 통찰력과 지식, 그리고 경험입니다.

하지만 이러한 통찰력과 경험은 하루아침에 얻어지지 않습니다. 저 역시 마찬가지입니다. 제가 컨설팅하는 분들이 종사하는 분야는 농업, 병원, 공공기관 등 다양합니다. 분야마다 콘셉트 도출을 위한 요소를 찾는 데 많은 시간을 투자합니다. 이는 해당 분야를 깊이 이해하고, 그 안에서 차별화된 인사이트를 찾기 위한 과정입니다.

콘셉트는 깊이 있는 이해와 섬세한 통찰에서 도출됩니다. 이때 장기적인 관점을 가지는 것이 중요합니다. 그 과정이 복잡하고 시간이 걸리더라도, 진정성 있게 접근해야만 어떠한 상황에서도 흔들리지 않는 콘셉트를 잡아낼 수 있습니다. 콘셉트는 브랜드의 뿌리이자 방향을 제시하는 핵심입니다.

TIP

브랜딩 콘셉트 도출 사례

강사의 브랜딩 콘셉트

강의 요청이 많아지면서 주제와 요구 사항도 다양해지고 있습니다. 브랜딩의 기초 지식을 다루는 강의가 주를 이루지만, 요즘에는 SNS 활성화, 블로그 운영, 스마트 플레이스를 매력적으로 만드는 방법 등 현장에서 바로 적용할 수 있는 기술을 원하는 요청도 많아졌습니다. 요청들에 감사하지만 저는 강의 수락 전 강사로서의 콘셉트를 곰곰 생각합니다.

강의에서 가장 중요하게 생각하는 것은 '어떻게 하면 배우는 즐거움을 느낄 수 있을까?'입니다. 대학교 학부 수업과 달리 외부 강의는 몇 시간 혹은 몇 번의 만남으로 끝나기에 깊이 있는 이해가 쉽지 않습니다. 때로는 강의에서 짜릿한 지적 흥분감을 느끼지만, 그 여운이 오래 가지 않는 경우가 많습니다.

강의와 공부의 차이를 아시나요? 수강 후 내용을 그 자리에서 잊어버리면 강의를 듣는 데 그치는 겁니다. 하지만 강의가 끝난 후에도 내용을 살피고 탐색하면 그때부터가 공부입니다. 그래서 강의 효과가 지속되려면, '지적 호기심'을 발동해 스스로 탐구하며 적용하는 동력이 생겨야 합니다.

저는 강의가 저마다의 생각과 관점을 나누고 상호작용 하며 경험, 감정, 지혜를 공유하는 과정이 되길 바랍니다. 이것이 제가 지향하는 강사로서의 콘셉트입니다. 그리고 이러한 콘셉트를 유지하며 활동하는 것이 강사의 브랜드를 더욱 명확히 해 준다고 믿습니다.

블로거의 브랜딩 콘셉트

블로그 강사인 신은영 작가는 블로그 관련 도서를 출간한 저자이기도 합니다. 저와는 임실의 한 프로그램에서 인연을 맺었습니다.

그는 익산에서 공방을 운영하다 육아를 하면서 생활에 변화를 겪었고, 블로그를 시작합니다. 이를 통해 새로운 가능성이 열렸고 작가와 강사로의 삶이 확장됩니다. 두 권의 책을 냈고, 기업 등지에서 활발하게 강의하며 활동하게 된 겁니다. 이렇게 블로그로 새로운 삶을 개척한 사례를 바탕으로, 그는 현재 자신의 경험을 전달하는 블로그 교육을 주기적으로 진행하고 있습니다.

처음에 신은영 작가는 막막한 상태에서 블로그를 시작했습니다. 하지만 자신만의 콘텐츠를 꾸준히 쌓고 소통하며 성장할 수 있었습니다. 그의 이러한 생생한 사례는 수강생에게 공감을 얻습니다. 자신이 겪은 긍정적인 변화를 토대로 수업을 진행하다 보니, 신은영 작가의 교육은 진정성과 현실감이 느껴집니다. 맞춤 교육을 위해 일대일 코칭도 수시로 진행하니 많은 분들이 그의 교육을 받으며 블로거로 새로운 출발을 하고 있습니다.

이처럼 본인의 삶에서 비롯된 일의 시작은 진정성이라는 강력한 무기를 갖추게 됩니다. 신은영 작가가 자신의 경험에서 우러나온 진정성을 바탕으로 삶을 확장한 것처럼, 강력한 콘셉트는 우리의 스토리와 신념에서 시작됩니다. 이것이야말로 사람들의 마음을 움직이고 공감하게 만드는 힘입니다.

식당의 브랜딩 콘셉트: 불고기를 판매하는 온초담

온초담은 전주에 있는 불고기 식당으로, 대표의 정성과 손맛이 담긴 불고기 전골이 맛있다는 호평을 받고 있습니다. 온초담 대표와의 인연은 제가 전주대학교에서 진행한 비학위 아카데미에서 시작되었습니다. 그는 불고기에 대한 열정과 자부심이 넘치는 대표였습니다. 하지만 브랜드에 애정이 많은 만큼 하나의 뾰족한 콘셉트를 잡는 데 어려움을 겪었습니다.

수업 초기, 그가 제시한 온초담의 콘셉트는 '전주식 불고기'였습니다. 광양불고기나 언양불고기처럼 전주를 대표하는 불고기를 만들어 전주 음식의 위상을 높이겠다는 포부에서 나온 콘셉트입니다. 맛에 대한 자부심이 강한 만큼 '맛'을 강조했고, 바쁜 워킹맘들이 자녀와 건강한 한 끼를 즐길 수 있는 식당의 의미도 이야기했습니다. 이 외에도 정직, 친정 엄마의 손맛 등 다양한 요소를 콘셉트로 내세웠습니다. 하지만 너무 많은 강점을 강조하다 보니 오히려 온초담만의 뚜렷한 차별점을 만들기 어려웠습니다. 브랜드의 강점이 분산되고 흐려지는 듯했습니다.

수업에서 그는 '하나의 강력한 콘셉트'를 잡는 과정에 집중했고, '가족의 시간을 가깝게 만들어 주는 곳'이라는 콘셉트를 도출했습니다. 이 단순하지만 강력한 콘셉트는 온초담의 강점들을 하나로 묶습니다. 그 결과 '전주식 불고기, 정직함, 건강한 식사'라는 요소들이 자연스럽게 가족의 소중한 시간을 채우는 브랜드의 의미로 승화되었습니다. 온초담은 가족이 함께하는 시간을 따뜻하게 만들어 주는 공간으로 차별적 콘셉트를 찾아, 지역 주민과 외지인들에게 사랑받는 식당으로 자리를 잡아 가고 있습니다.

카페의 브랜딩 콘셉트: 커피를 판매하는 풀동네

풀동네 카페는 제가 가장 애정하는 동네 카페입니다. 좌석이 많지 않아 주로 포장 손님이 많은 곳입니다. 공간의 화려한 인테리어가 아닌

오로지 커피의 맛으로 승부를 보는 곳입니다. 그만큼 풀동네의 사장은 커피에 강한 자부심이 있습니다.

이곳은 오후 5시까지만 운영하며 일요일에는 문을 닫습니다. 사장은 가족과 시간을 보내기 위해 다른 카페에 비해 짧은 영업시간을 선택했습니다. 그럼에도 불구하고 동네 주민의 사랑을 받으며 코로나 시기에도 흔들리지 않고 탄탄한 입지를 유지하고 있습니다.

하루는 사장이 저에게 풀동네 2호점을 열면 어떨지 물었습니다. 그의 실력이라면 2호점도 충분히 성공할 수 있다고 말씀드렸습니다. 며칠 후 2호점에 대한 생각을 물어보니, 그는 2호점은 마음속에 담아 두기로 결정했다고 합니다. 확장할 경우 자신이 추구하는 커피의 맛과 가치를 지키기 어려울 것 같고, 이를 보완할 확실한 방법이 없다면 확장은 하지 않는 것이 좋겠다는 겁니다. 자신의 강점을 지키고자 하는 뚜렷한 신념을 엿볼 수 있는 대목입니다.

풀동네는 확장보다는 브랜드의 강점을 훼손하지 않고 지키는 것을 선택했습니다. 브랜드의 강점과 콘셉트를 유지하려는 노력이 확장의 기회보다 더 큰 가치가 있음을 보여 줍니다. 그의 결정은 풀동네를 사랑하는 고객에게 더욱 신뢰와 애정을 불러일으키며, 카페의 가치를 더욱 공고히 하는 힘이 될 겁니다.

지속 가능한 브랜드를 위한 가치 발현 및 확산

여기까지 온 여러분은 이제 브랜딩의 출발점에 섰습니다. 그럼 이제 지속 가능한 브랜드가 되기 위한 전략을 살펴볼까요.

고객의 일관된 경험을 축적하라

마케팅과 브랜딩의 차이를 아시나요? 마케팅은 '팔다'이고, 브랜딩은 '팔리다'로 구분할 수 있습니다. 마케팅은 소비자의 마음을 얻기 위해 적극적으로 다가가는 과정이라면, 브랜딩은 우리가 다가가지 않더라도 소비자가 우리를 보고 어떤 존재인지 알 수 있게 만드는 힘입니다. 마케팅이 단기적인 판매 촉진에 초점을 맞춘다면, 브랜딩은 소비자와의 깊은 연결을 통해 자연스럽게 선택받도록 하는 장기적인 전략이라고도 볼 수 있습니다.

사람들에게 우리 브랜드를 자연스럽게 알리기 위해서는 정립한 정체성과 기능적·정서적 가치를 꾸준히 유지하는 것이 핵심입니다. 고객에게 일관된 경험을 제공할 때, 소비자와의 깊은 신뢰를 형성하게 되고, 브랜드는 강력한 인식으로 이어집니다. 브랜드의 모든 접점에서 동일한 메시지를 전할 때, 브랜드는 단순한 제품을 넘어 소비자에게 특별한 의미를 지닌 존재로 자리매김할 수 있습니다. 오늘 다르고 내일 다른 사람에게 마음을 내어 줄 수 없는 것처럼, 일관되지 않은 브랜드의 모습은 소비자들에게 실망만 안겨줍니다.

현대카드 정태영 CEO는 유튜브에 출연하여 브랜딩의 비법으로 '싱크로나이제이션Synchronization'을 꼽았습니다. 브랜드의 모든 접점에서 일관성을 유지하는 것이 중요하다고 강조하며, 이를 위해 작은 요소도 까다롭게 관리한다고 했습니다. 예를 들어 임원실에 걸린 산수화를 보고 "산수화는 좋은데 우리 브랜드에 맞는 거냐"라는 질문을 할 정도로 굉장히 세밀하게 브랜드를 관리한다[20]

20　현대카드 DIVE, 1강. Sales vs Marketing vs Branding – 현대카드 CEO 정태영 [OVER THE RECORD], 유튜브 영상.

고 합니다.

이처럼 브랜드의 일관된 모습을 유지하는 것은 성공적인 브랜딩을 위한 필수 과정입니다. 그래서 브랜딩 작업에서는 사람들에게 노출되는 모든 접점을 꼼꼼하게 조사하고 정리하는 데 많은 시간을 투자하게 됩니다. 모든 매체를 전부 리스트업 하여 브랜드의 콘셉트에 맞게 하나하나 일치시켜 나가는 작업이 필요한데, 이는 브랜드의 이미지가 어느 순간에도 흔들리지 않도록 철저하게 관리하기 위함입니다.

브랜드의 일관성은 인식 그 이상으로 강력한 힘을 발휘할 수 있습니다. 파타고니아는 블랙 프라이데이를 맞아 뉴욕타임스에 'Don't Buy This Jacket(이 재킷을 사지 마세요)'이라는 파격적인 광고를 게재했습니다. 소비를 촉진하는 블랙 프라이데이에 오히려 구매를 줄이라고 말하는 브랜드는 파타고니아가 유일할 것입니다. 이 광고는 파타고니아가 환경보호와 지속 가능한 소비라는 브랜드 가치를 얼마나 철저하게 지키고 있는지를 강렬하게 보여 주는 사례입니다. 극성수기에도 이러한 원칙을 고수함으로써, 파타고니아는 소비자들에게 진정성을 전하고 깊은 신뢰를 얻었으며, 오히려 매출이 증가하는 실질적인 성과를 거두었습니다.

'두권책방' 이야기를 다시 해 보겠습니다. 당시에는 단순히 하고 싶은 마음으로 시작한 프로젝트였지만, 지금 돌이켜 보면 브랜딩 관점에서 배울 점이 많았던 공간입니다. 앞서 언급한 것처럼 '두권책방'의 목적은 책 판매가 아닌, 돈이 없어도 누구나 쉴 수 있는 공간을 제공하는 데 있었습니다. 이러한 의미를 전달하기 위해 다양한 방식으로 메시지를 전달했으며, "그냥 쉬었다 가세요"라는 태그라인을 통해 사람들에게 두권책방의 진정성을 알리고자 했습니다. 이 태그라인은 책방의 본질을 간결하면서도 명확하게 표현해, 방문객들에게 공감을 불러일으켰습니다.

어느 날, 한 학교에서 책을 구입하고 싶다는 연락이 왔습니다. 책 판매가 목적이 아닌 서점인데도 연락 온 것이 신기해, 왜 굳이 우리 책방에 주문을 하는지 물었습니다. 돌아온 대답은 간결했습니다. "일반 서점보다 재미있고 의미 있는 곳 같아서요." 도서 주문량을 계산해 보니, 책방을 한 달 넘게 운영할 수 있는 비용이었습니다. 처음에는 단호하게 거절할 생각이었지만, 금액을 보니 마음이 흔들리기 시작했습니다. 하룻밤을 고민한 뒤 답변을 했습니다. "죄송합니다. 저희는 일반 서점처럼 주문을 받아 책을 취급하지 않고, 한 달에 지정된 두 권의 책만 판매하는 원칙을 지키고 있습니다. 좋은 제안을 주셨지만, 납품은 힘들 것 같습니다."

두권책방이 지켜야 할 가치를 다시금 돌아보게 한 중요한 순간이었습니다. 당장의 수익을 선택할 수도 있었지만, '돈이 없어도 누구나 쉴 수 있는 공간'이라는 의미와 한 달에 두 종류의 책만 판매한다는 원칙을 지키며 브랜드의 정체성을 확고히 했습니다. 덕분에 두권책방은 일관된 경험을 유지하며 스스로 당당한 브랜드가 될 수 있었습니다. 비록 수익의 기회를 놓쳤지만, 가치를 지켰다는 자부심은 지금까지도 두권책방의 중요한 기억으로 남아 있습니다.

납품을 의뢰한 분은 나중에 직접 책방을 찾았습니다. 두권책방의 가치를 응원한다는 따뜻한 쪽지와 함께 책을 구매했습니다. 그 순간, 책방의 원칙을 지키며 내린 결정이 그에게 깊은 공감을 샀다는 것을 깨달았습니다. 일관된 모습을 유지하기 위해 노력하는 브랜드는 결국 사람들의 지지를 받는다는 것을 느꼈습니다.

항상 같은 옷을 입는 이유

저는 개인적으로도 일관된 모습을 유지하는 것이 있습니다. 항상 흰색 옷을 입는 것입니다. 눈썰미가 좋은 분들은 왜 항상 흰색 옷만 입는지 묻습니다. 흰색 옷만 고수하는 저만의 이유가 있습니다.

첫 번째는 상대방을 돋보이게 해 주고 싶기 때문입니다. 이는 제가 하는 일과 관련이 있습니다. 흰색은 순수함, 단순함, 깨끗함 등을 상징합니다. 눈에 띄지 않고 묵묵히 주변의 색을 드러내 주는 색이기도 합니다. 이 지점이 브랜딩 컨설팅과 관련이 있습니다. 브랜딩 컨설팅은 고객의 창업 동기, 철학, 비전 등을 인터뷰하고 분석해 강점을 찾는 작업입니다. 그 강점들을 기반으로 브랜드 콘셉트와 전략 등을 수립합니다. 최종적으로는 고객을 브랜드로 만들어 주는 것이 목표이자 책임입니다. 그래서 컨설팅의 모든 과정에서 고객을 항상 중심에 세우려고 합니다. 고객을 보다 더 주인공으로 만들어 주고 싶은 겁니다. 흰색이 자신을 내세우지 않고 함께하는 색의 개성을 드러내 주는 것처럼 말입니다.

두 번째는 흰색 옷을 고집하여 저만의 브랜드 이미지를 쌓고자 하는 노력의 일환입니다. 옷, 패션 등의 스타일이 뭐 대수냐 생각할 수도 있지만, 그게 아니더라고요. 빨간 안경테를 껴야만 평론한다는 이동진 영화평론가의 빨간 안경은 대표 이미지가 됐습니다. 빅데이터 전문가 송길영 작가는 긴 머리가 바로 떠오릅니다. 물론 두 사람이 특정 이미지를 만들기 위해 지금의 스타일을 고수하는지는 모르겠습니다. 하지만 독특한 스타일은 특징이 되어 사람들에게 더욱 기억됩니다. 저는 이분들처럼 뛰어난 역량이 있거나 독특한 스타일을 가진 것은 아니지만, '원민' 하면 떠오르는 저만의 스타일을 만들어 가려고 합니다.

브랜드의 일관성을 지켜 나가는 과정은 중요하지만 그만큼 쉽지 않은 작업입니다. 때로는 '왜 나만 이렇게 민감하고 예민하게 반응해야 할까?' 하는 생각이 들기도 하고, 까다로운 사람으로 비칠 때 속상하기도 합니다. 하지만 이러한 예민함과 집요함이야말로 브랜드를 차별화하고, 소비자들에게 강렬하고 일관된 인상을 남기는 원동력이 됩니다. 저는 이 점을 잘 알기에 함께 일하는 직원들에게도 예민하고 민감한 눈을 가지라고 말합니다.

브랜드의 모든 요소가 일관성을 유지할 때, 사람들의 마음속에 깊이 각인되며 신뢰와 애정을 얻을 수 있습니다. 때론 사소해 보이는 예민함과 집요함이야말로 브랜드를 남다르게 만드는 결정적인 힘입니다. 그 작은 차이가 브랜드의 가치를 빛나게 하고, 단 하나뿐인 특별한 존재로 자리 잡게 합니다. 여러분의 브랜드가 사람들의 기억 속에 오래 남을 수 있도록, 그 예민함을 자부심으로 여겨 끝까지 지켜 나가세요. 그것이 결국 브랜드의 진정한 힘이 됩니다.